超级转化率

如何让客户快速下单

陈勇 著

中信出版集团 | 北京

图书在版编目（CIP）数据

超级转化率：如何让客户快速下单 / 陈勇著 . --
北京：中信出版社，2019.11 (2025.12重印)

ISBN 978-7-5217-1065-6

Ⅰ . ①超… Ⅱ . ①陈… Ⅲ . ①网络公司—网络营销
Ⅳ . ① F276.6 ② F713.365.2

中国版本图书馆 CIP 数据核字 (2019) 第 202465 号

超级转化率：如何让客户快速下单

著　　者：陈　勇
出版发行：中信出版集团股份有限公司
（北京市朝阳区东三环北路 27 号嘉铭中心　邮编　100020）
承 印 者：北京通州皇家印刷厂

开　　本：880mm × 1230mm　1/32　　印　　张：9.25　　字　　数：225千字
版　　次：2019年11月第1版　　印　　次：2025 年12月第25次印刷

书　　号：ISBN 978-7-5217-1065-6
定　　价：68.00元

谨以此书献给每一位想提高转化率和销量的人，
希望自己能为加速营销科学化的进程贡献一点力量！

赞 誉

《超级转化率：如何让客户快速下单》的作者陈勇是互联网产品流量运营和转化方面的专家，对如何提升转化率有丰富的经验。这本书是他对过往案例和授课内容的汇总，对每一个相关行业的从业者而言，都会有所裨益。

——吴晓波（财经作家）

万事万物永远是向前发展的，从商业领域到人生层面的打法、方法论也在不断优化，一直前进。用陈勇的超级转化率思维向效率更高的认知模式发展，让你的人生和公司迭代升级。

——刘润（中国著名商业顾问、《5分钟商学院》主理人）

陈勇精通于流量的转化率，帮助很多知名企业提高了广告投放转化率，尤其在落地页设计和文案细节方面，对我们的营销启发很大，是真正的数字营销实战派。“陈勇转化六要素”是转化率方面一套全面系统的总结，希望这本书能帮助你建立系统转化率思维，推荐！

——杨飞（瑞幸咖啡CMO）

陈勇深耕了销售中最核心的问题：怎样让客户下单，他原创的“陈勇转化六要素”来自大量一线实践案例，可衡量、易实施，系统而有效。他的方法论终于总结成书了，在提升商业项目转化率和销售额方面能够帮助大家。

——马占凯（搜狗输入法之父）

在很多人眼里，运营转化率有太多的“坑”，而陈勇是那个能手把手教给你如何把“坑”变成“桥”的运营转化大师，在互联网运营领域，他是真正的实干家和实力派！

十多年前还是学生的他坐在收音机的旁边听我的节目，而十多年后的今天，我却常常做他的学生，听他帮助像我一样的创业者找到产品和用户之间的那座“桥”，最终运用他教授的独特方法抵达赢的“彼岸”。

我相信每一位阅读此书的读者，也能有幸像我一样：洞悉运营转化的秘密，成为同行眼中的运营先锋派。

——青音（全国播音主持最高奖“金话筒奖”获得者、“Better 更好学院”创始人）

在今天的中国，大量产品供过于求，竞争越来越激烈，流量也越来越贵。因此，如何提高转化率成为所有企业都面临的挑战。陈勇老师的《超级转化率：如何让客户快速下单》一书拥有大量如何提高转化率的实战案例，非常值得希望提高转化率的企业阅读和学习。

——郑毓煌（清华大学博士生导师、营创学院院长）

在存量博弈的时代，流量转化率成为竞争制胜的关键。怎么能够让它的转化率提升一倍甚至更多，就需要一些系统的、科学有效的方法。在众多讲转化率的大咖中，我认为陈勇老师的“超级转化率”方法是特别实战实用的，能够帮助企业大幅提升自己的流量转化率，从而在流量的存量博弈时代取得胜利。

——冯卫东（天图资本 CEO、《升级定位》作者）

作为一个营销学教授，每天接触各式各样的行业，人人都告诉我流量很贵。这时候转化率这三个字在你脑海里肯定是有很强的意义。我们常说实战出真知，有很多的行业里面，它不是靠理论，它就是靠实战。我认识的陈勇老师对不同的流量都具备提升转化率的技能。他一直在企业一线辅导很多的团队，深入地去看各种项目，通过提出假设—实践数据—修正完善的方法找到提升转化率的新方法，所以从中抽取提炼了很多实战方法论，我建议大家多看陈勇老师的书和文章。

——周宏骐(新加坡国立大学商学院兼任教授)

陈勇老师既是实战派的转化率专家，接手的项目无不取得突飞猛进的增长佳绩，同时也是善于梳理总结和分享输出的布道讲师，推动了数据驱动的理念在国内的发展。他的勤奋更是非常人可及。在此推荐他的这本力作。

——范冰(《增长黑客》作者)

陈勇老师是我的营销启蒙老师。两年前，在电话里，他慷慨地传授我营销成交的方法体系，我感到茅塞顿开，零散的知识点集结归队，成为可执行的方法论。如果你立志成为营销高手，此书不可错过。

——关健明(《爆款文案》作者)

作为投资人，我始终关注的是商业本质和核心竞争力。陈勇的转化率课程和营销咨询，是我推荐给很多创始人的必修课。想要在中国这个大市场获得丰厚的商业回报，需要将转化率上升到战略级的重视程度。竞争如此激烈，通过这本书你能系统理解转化率的体系并运用到商业项目中，提升获客效率，打造商业护城河。

——吴瑶萱(元和资本创始合伙人、中信集团创新顾问)

获客成本居高不下，如何提升转化率、实现更好的投资回报率，已经是所有人的难题。陈勇是我认识的最专注在转化率这件事上的高手，他在这本书里详细分解，将转化率特种兵的技巧、干货倾囊相授，有理论，有实操，更有效果！

——张筱燕(梅花天使创投合伙人)

转化是每一个企业都在关注并希望提升的问题。理论有很多，能够解决问题才是关键。陈老师的这本书分享了他这些年大量的实战成功经验，横跨多个领域多个行业。通俗易懂，有知识也易上手。

——王泽蕴(原奥美集团数据总监、《不做无效的营销》作者)

关于提升转化率，陈勇老师是真正的实战专家，可以给客户带来立竿见影的效果。如今，他把这些经验总结成书，既有方法论，又有真实的案例，读起来非常过瘾，诚意推荐。

——苏杰(《人人都是产品经理》作者)

以前各大公司拉新，大多只考核新用户的首单成本，现在不仅要考核新用户的首单、复购成本，甚至要测算整个用户生命周期的利润贡献。陈勇老师的这本转化率秘籍，将会是我们决胜流量下半场的秘密武器！

——鉴锋（运营深度精选CEO）

陈勇老师在提高转化率这件事上死磕多年，拥有丰富的实操经验，非常专业。他还特别乐于分享，每次跟他见面，我都受益匪浅。能读到他的书，真是幸运。

——剽悍一只猫（社群商业战略顾问）

部分客户方评价：

创维高端全面屏电视推广过程中，结合了陈勇老师的转化率提升理论与模型，将我们传统认知中的转化率拆分成转化率的n次方，更是简单有效地将“陈勇转化六要素”应用到创维全面屏产品企划、详情页设计表达中。整个课程教学+实践结合，真正将一套理论转变为一项技能。

——张洪君（创维电视全球电商中心总经理）

善战者，求之于势，不责于人。“陈勇转化六要素”对转化过程实现了流程化分析，可以迅速找出影响转化的瓶颈，以便精准施策，为营销人员提供了一套好用、易用的方法论，为提升转化成功造“势”。

——周国跃(诺贝尔瓷砖总裁)

效率提升是维持企业规模增长的机遇和挑战，围绕“转化率提升”这一关键命题，这本书不仅勾勒了系统的方法论及实施路径，也结合了陈勇提出来的“陈勇转化六要素”进行了详细的案例剖析，能够让效果营销团队的工作事半功倍。

——李天驰(编程猫联合创始人兼CEO)

东阳光冬虫夏草的线上销售落地页就是陈勇倾力打造的，页面上线后反响很好。“陈勇转化六要素”的高效实践，验证了这是一套看了就会做、就能上手的方法论，值得每一位市场人学习，推荐给大家。

——周孝华(广东东阳光电子商务有限公司董事长)

陈勇帮助电商运营团队把视角从运营者转换到消费者，不但帮助电商提高了转化率，更重要的是建立团队长期的思维优势。推荐这本书给公司市场、销售、电商部门学习。

—— TAZ(Little Freddie英国小皮辅食中国区CEO)

陈勇兄的“效果广告WHWW模型”是站在用户角度理解产品的第一性。通过对产品页不断地推敲、打磨及细节优化，将用户需要的信任、口碑以利益点传递给消费者，让消费者完成兴趣—信任—购买的整个路径链的闭环打通。在面对线上流量红利消失的现阶段，陈勇兄的效果广告模型将可以有效帮助企业打破增长“天花板”。

——祝坤(猫王收音机电商总监)

认识陈勇老师是从他的《超级转化率》开始的，这本书也迭代升级了几次，我每次都认真学习，我们也请他给我们做了几次培训和一次大的转化率提升咨询项目。流量可能是一个战术，但是转化率一定是战略，希望大家认真学习陈勇老师的《超级转化率》，让自己的企业在有限的存量的情况下，创造属于自己的奇迹，服务好用户，做好品牌。

——张京康(足力健老人鞋创始人)

陈勇的转化六要素是我做教育平台以来听过最专业的一次营销培训，他的内容站在用户消费心理学的角度，从品牌建设、流量入口、内容整合、页面转化、销售转化给予了非常科学、专业的指导，在快速把握用户需求的移动互联网时代，帮助远播提升了营销推广内容转化效果，我们的营销同事也经常得到陈老师的指导，专业度很赞。

——白雪(远播教育平台事业部总经理)

“陈勇转化六要素”是一个真正可以影响用户从兴趣到信任最后到购买的消费心理科学方法；它简单易懂，是所有在商业社会有转化需求人的必备读物；帮助我所在的企业转化率提高了近80%，是重新刷新我对转化认知的方法论。

——李杰（上市公司爱帝宫月子中心CMO）

陈勇用工科思维搭建一套完善的提升转化率模型，“陈勇转化六要素”是一套很实用的方法论，他利用这套模型帮我们公司提高了广告投放转化率，推荐企业创始人和市场人学习。

——陶睿（无忧保姆创始人）

因为同行专家的推荐，《超级转化率》成为我们科大讯飞AI学习机营销团队的必读书。又请陈勇老师为营销团队做深度培训和咨询指导，目前团队已将所学知识应用到工作中，为用户提供更优质的产品和服务。感谢陈勇老师的支持和帮助！

——章继东（上市公司科大讯飞副总裁）

陈老师的课程，列举了很多优化落地页的实践的例子。课程核心重在梳理和搭建转化逻辑模块，讲述了每个模块需要注意的要点和搭建技巧。成熟的模型有助于我们以后落地页的整体规划和布局。另外，该课程和咨询项目由策划、设计和技术共同参与，他们更深切地体会到营销页面的设计和制作要点，后续与营销团队的协作更加顺畅。

——杜在乾(美呗医美COO)

陈勇老师是一名非常专业的营销“转化率特种兵”，在项目期间分享了很多实用的技巧，经过陈老师多年专业经验总结的“陈勇转化六要素”方法论为小码王提供了一个清晰的落地页策划思路，通过陈老师指导策划的网络营销落地页，转化率提升很多，并且帮我们整理了落地页策划、设计要点和技术实现三大方面的标准作业程序，便于我们沉淀下来思考今后其他类别的落地页制作。

陈老师将自己丰富的专业经验总结为“陈勇转化六要素”方法论，写成这本书，对营销人员如何通过落地页有效传达信息和提高转化率很有帮助，非常值得阅读。

——杨健(小码王联合创始人)

超级转化率是结构化的逻辑模型，可以不断迭代和灵活拓展。我们应用《超级转化率：如何让客户快速下单》在跨境在线业务上，感觉如虎添翼，并且持续和用户洞察相结合，打开了品牌推广和转化的思路，能够持续去建设相关能力。

——杨海(上市公司VeSync晨北科技跨境电商运营副总裁)

提高转化率的"陈勇转化六要素"深度剖析了用户交易的几个关键节点，能够很好地为品牌电商销售瓶颈指明优化风向标，是企业运营必备的方法论及自检工具。

——陈国庆(满婷总裁)

陈勇老师的六要素转化课程：实际、实战、实用！丰富的案例经验，清晰的思维逻辑，易懂的教学模型，给团队带来了诸多变化，同时，为工作流程增添新的输出方式，市场观察视角也有了新的维度。

——卢熠翎(张德芬空间CEO)

流量越来越贵，转化率越来越低，获客成本则越来越高，是近两年来企业共同的痛点，尤其是像北森这样做SaaS[①]产品的创业公司，感受更是明显。陈勇老师带领团队为北森设计、优化产品落地页，不放过每一个小细节，真正诠释了"只有颗粒度精细化到每一步的过程控制，成果才能复制"。陈勇将他深度提炼的营销转化理论和过往为多家企业提供数字营销服务的实战经验结合，方成此书，值得为增长转化焦虑的你阅读学习。

——蔡丽(上市公司北森云计算副总裁)

---

① SaaS（Software-as-a-Service）：意为软件即服务，即通过网络提供软件服务。——编者注

认识陈勇老师是从《超级转化率》这本书开始，这本书彻底颠覆了我对于如何提升转化率的认知，看完后马上联系陈老师合作了转化率提升咨询项目。陈老师给我们全公司做了一次《超级转化率驱动跨境业绩+利润率双增长》以及《信息流和SEM实战营销》的培训，全面提升了公司小伙伴们对于流量和转化的认知。并且通过这次合作，我们已经将“超级转化率”形成一套详情页的落地方法和SOP，彻底形成了公司的竞争力和护城河，感谢陈勇老师的协助！

——杨大成（台湾居家先生创始人）

陈勇老师是在2020年4月份给我们做辅导的，当时正处于疫情期间，他的超级转化率真正帮助到了企业，一个细节一个细节地来优化，并固化成为一套落地工作的标准流程，我们的电商转化率得到明显改善和提升，即便是已经运营很成功的电商品牌，也同样能够从陈老师的方法论中汲取营养与动力。

——何磊（八马茶业联席总经理）

飞智科技在游戏手柄类目的电商运营中，全团队参与了陈勇老师转化率课程的学习，运用《超级转化率》中的超级漏斗和转化六要素拉通了整个团队的转化率提升工作模型。原来零散的工作整合成一个有效的方法论和落地的SOP，全团队通过对飞智手柄、散热器的详情页全链路优化，使转化率获得了明显的提升。

——汪沁（飞智科技创始人兼CEO）

因为销售同事自下而上的一次推动,《超级转化率》成为我们公司全体同事的标准读物，有效拉通了同事间语言同频，后来陈老师现场培训，进一步拉通思考模式和对转化率的理解同频，在公司内部形成了从产品、品牌、直播、销售及客服的积极联动。

从购买第一本书，到邀请培训，再到邀请陈老师给我们公司做转化率提升咨询项目，通过直播间话术改进、商品详情页完善等多维度的学习与交流，我们践行了一次对转化六要素的深度理解和执行。细节里不仅有魔鬼，细节里还有很多利润，感谢陈勇老师，感谢《超级转化率》。

——吴玉胜(淘云科技/阿尔法蛋CEO)

虽然之前从业电商很多年，但和陈勇老师合作后才发现，转化率的提升是一个比我之前认知要专业很多的领域，相较之下，传统电商还是粗暴。通过培训，收获了拆解的步骤、推理的过程以及面对问题的思考角度。除了在六要素方面有了结构化、可复制的学习，更是收获了学习思想，能运用于公司其他各个领域。

——余振(E宠COO)

目录

1 指数级提升的超级转化率漏斗模型

2 超级转化率：让客户下单的陈勇转化六要素

3 超级转化率的案例深度解析

4 创业到规模商业的四级良性增长引擎

总有人能比你做得更好

小马宋

作为一名企业战略和营销顾问，我会接触到大量的企业家和创业者，在我问起他们的时候，有一多半的情况，我会发现他们对自己做的事情有一种谜一样的自信。而当我拿着他们的产品或者服务给普通消费者看的时候，一般的反馈是“这很普通”。

2019 年，我在自己生日的那天，写了一篇公号文章，大概讲了一个主题，就是不管在什么领域，不管你多么努力，总会发现有人比你做得更好。

比如我去东京，发现酒店前台办理入住的地方，是有一个小台子方便你放包的，这在国内的酒店并不常见。在东京的食品店中，每一种预包装食品的堆头上，都会有一个专门做成透明的盒子，方便你看到这个食品包装里面装了什么，甚至更进一步，每一个透明的盒子，他们还把这个食品再切一刀，让你看清楚它里面的馅料是什么。在东京，有一家做螃蟹的餐厅，螃蟹的腿都会被提前从侧面切一刀，就是为了方便顾客吃蟹肉。

在一个领域，我们自己觉得做得挺好了，总有一天你会发现有人比你做得更好。而在流量转化这个领域，陈勇就是那个比你做得更好的人。

说起做营销，大家似乎不太关注细节，往往关注的是策略和创意，其实呢，具体的细节才是企业的日常。餐厅的菜单设计怎样才能让顾客更快地点单？怎样才能让顾客单次点单价更高？这种细节上的持续改进才是企业经营的日常。所以有许多所谓的“创意人”“广告人”就吊在“伟大创意”的半空中下不来了，世界上只有耐克那样的少数几个品牌才能让他们去实现“伟大的创意”，而对大部分品牌来说，这些创意都是不落地的。

所以我常常告诫初出茅庐的年轻人，不要试图说自己的职业是营销，因为“营销”这个词太大，如果你只关注营销这么大的概念，大概企业里能容得下你的职位就只有 CMO[①] 这种职位了。如果你只关注“伟大的创意”，那也是非常危险的，一来是你的工作往往不会有那么多企业买单，二来这条路太狭窄了，只容得下几个大师在那里指点江山，小兵小将根本没有用武之地。

我跟这些年轻人说，你们一定要学习一个具体的技能，才能慢慢成长起来。有人瞧不起策划电商详情页这种小事，岂不知恰恰是这种小事，让不同的淘宝店铺转化率产生了巨大的差别。第一句话应该怎么写才能吸引消费者读下去？中间内容怎么写才能让消费者相信你？最后怎么写才能让消费者快速下单？什么样的配图是加分的？什么样的文案是加分的？

对于绝大部分写详情页的人来说，我猜他们都没有深度认真思考过，他们只是在做一件机械而重复的工作而已。好多人看看竞争对手的做法，拿过来就用了。其实竞争对手的情况和你不一样，甚至他们也没有搞明白什么是对的，这就是大部分人的工作情况。

---

① CMO（Chief Marketing Officer），意为“首席营销官”。——编者注

把一件小事做彻底，是大部分人出人头地的途径，可惜的是，大部分人不这么看，所以成功的路其实并不拥挤，只是你甘愿选择了容易而平凡的那条路而已。

陈勇也是从一个普通的 SEO[①] 人员做起的，但他的工作效率往往就比别人的高数倍。老板们都很认可他 ，所以他的职业生涯很顺利，最后成为流量转化领域的专家。

他为南孚电池、创维电视、花点时间等知名企业做的案例，思路之精准、创意之独特，令人叫绝，但思考过后又觉得其实很自然。按照他总结的“陈勇转化六要素”和思路，普通人只要经过不断练习，总会有所成就。而学习电商转化技巧最大的好处就是，它会给你非常及时的反馈，因为电商的效果是立刻就能通过数据看到的。

读完本书，希望你成为一个“比别人做得更好的人”。

小马宋

知名战略营销专家、得到 App 营销顾问

① SEO（Search Engine Optimization），意为“搜索引擎优化”。——编者注

自　序

只有颗粒度精细化到每一步的过程控制，成果才能批量复制

2014 年之前，我在地产、SEO 外包、户外团建等三个不同的行业工作，在和其他行业的朋友交流营销获客问题的时候，我发现大家的业务发展相对缓慢。除了因为产品本身不够好、产能跟不上之外，最大的问题其实是广告投放的转化率不高，投放甚至是亏钱的。这直接导致了市场人员根本不敢大规模地做投放。

这让我深刻地意识到，营销获客问题的症结是转化率的问题。从那以后，我从战略上放弃其他领域的研究，只专注于转化率方面的研究、思考和实践。

到底怎么做才能提高百度、360 等搜索类广告，及淘宝、天猫、京东、亚马逊等站内搜索类广告投放转化率？影响广告投放转化率的主要因素有两个：精准的流量和承接这批流量的内层落地页 。只要流量不是垃圾流量，那么支撑转化率的基本就靠内层落地页了。（另外随着朋友圈、抖音、小红书等平台的信息流广告出现，流量的精准度不仅仅取决于后台的关键词定向和人群定向，图片、短视频等外层素材也会影响流量的精准度。）

我本身是学计算机的，喜欢用理工科的思维来思考问题。如果整个营销转化的全过程中，全部是按照人们在购物时大脑思考问题的顺序来进行，理论上

转化率就应该会提高很多。想明白这个，我就从那个时候开始建立模型，在随后供职的教育培训公司和金融公司里开始不断地投入广告费来测试数据表现，然后不断优化这个模型。用这个更为完善的模型来指导营销工作，公司产品的转化率开始逐步提高，高峰期一个月要花掉上千万甚至上亿的广告费。后来我把这些经验做了总结和复盘，发现以前用过的各种提高转化率的技巧能组合成一套完整的方法论，于是就有了超级转化率漏斗模型、下单三步法，以及促成客户下单的陈勇转化六要素。

在 2016 年至 2023 年的 7 年多的时间里，我给企业做独立营销顾问，运用这套模型帮助了创维电视、OPPO、安徽移动、南孚电池、足力健老人鞋、八马茶业、新加坡 SCI、溪木源、满婷、英国小皮辅食、E 宠、东阳光、科大讯飞、猫王收音机、晨北科技、清华紫荆教育、博商、猿辅导、编程猫、凯叔讲故事、美呗医美、爱帝宫月子中心、北森云计算 SaaS、咚咚来客私域 SaaS、开工大吉办公室装修等 49 个行业头部公司，提高了他们各种流量转化率，转化率增长幅度在 30.1%—1750%。在和其他培训机构合作推出网络营销特训营和落地班的课程中，我发现很多学员也能用这套转化率模型来提高自己公司的转化率。后来我还开发了“效果广告三板斧”、“SEM 和信息流广告投放优化实战”、“布局内容营销持续获得低价优质流量”、“抖音成功卖货短视频的特点及实操方式”、“品牌方布局小红书内容生态带来新增长”、“如何通过知乎获得稳定流量”、“电商转化率优化”等企业内训课程。有了这些成功案例和经验之后，不少朋友问我什么时候写书，还有很多网友通过我的公众号：陈勇营销专栏（ID：cy-yingxiao）给我留言，问我什么时候写一本系统讲解如何提高转化率的书，这样就可以教会更多的人运用这套模型来提高转化率，保持业绩持续增长。直到 2018 年年底，我完成手里大部分的营销咨询项目之后，开始专心致志地写这本书，希望能帮助更多营销从业者提高专业水平和公司业绩，以及帮助更多对营销感兴趣的人了解营销。

超级转化率是个系统工程，如果你的工作需要其他人的配合（例如：设计、策划、产品、技术、销售等）才能看到效果，就需要和他们一起看这本书。

感谢你购买我的书《超级转化率：如何让客户快速下单》，祝你在运用书中的方法论和技巧解决公司转化率问题时如鱼得水，转化率节节高！业绩倍增！

陈　勇

扫码关注公众号

回复 1，加本书作者陈老师私人微信号
回复 2，获得提高转化率 PPT
回复 3，查看视频版案例、新营销方法、直播 / 回放

引 言

谁掌握了提高转化率的方法，谁就掌握了存量时代的主动权

在 2018 年下半年之前，不少企业在增量时代享受时代的红利，看似发展得很大，但并不强，属于“虚胖”，随着人口红利的结束，大家从增量时代进入存量时代，流量是能看到天花板的，这个时候，那些“虚胖”企业的发展出现停滞，甚至倒退，而那些“强壮”的企业则发展得越来越快。从这个角度也印证了世界知名投资大师巴菲特的那句名言“只有当潮水退去的时候，才知道是谁在裸泳”。而那些“强壮”的企业除了掌握一套完善的经营方法并强悍执行之外，还有一个使他们发展得越来越快的获客秘密：超级转化率。而流量变现下半场的破局点就是转化率，**谁掌握了提高转化率的方法，谁就掌握了存量时代的主动权。**

从增量时代进入存量时代

过去的 20 年，随着笔记本电脑和智能手机的普及，PC 互联网和移动互联网相继崛起，互联网人口红利出现井喷式爆发，大量的人从线下转移到线上，从以前的线下面对面交流的真实世界“移民”到依靠网络连接的虚拟世

界，这时候一部分人先看到商机，利用互联网开始在网上做生意，那个时候竞争小，流量成本低，这部分人只要提供不错的产品和服务，基本都赚得盆满钵满。但是现在不行了，随着竞争加剧，流量越来越贵，而且流量都已经被巨头们垄断，之前依靠互联网做生意的企业发展就没那么迅猛了。爱帝宫月子中心就是一个典型的例子，爱帝宫月子中心成立于 2007 年，总部位于深圳风景优美且私密性良好的香蜜湖，爱帝宫月子中心于 2011 年开始借助网络营销获取客户。2012 年，李杰加入爱帝宫月子中心，担任营销总监，搭建专业的网络营销团队，在接下来的五年时间里，爱帝宫不断优化专业月子服务，发展成为月子中心行业的头部企业，因为很专业，所以黄磊、佟大为、梅婷、孙红雷等明星家庭都选择爱帝宫。经过五年的快速发展，爱帝宫月子中心整个网络营销专业度在行业里属于中高水平，但是公司的业绩还想要继续快速增长有些困难。2017 年 11 月，李杰通过笔记侠[①]的报道联系到我，我一问才知道，这家企业在营销方面能买的流量都买了，若想让业绩继续增长，得从转化率方面入手。我们经过前期的了解与沟通，确定了营销咨询项目的实施时间后，便达成了营销咨询合作。2018 年 1 月 23 日，我给爱帝宫月子中心的营销团队做企业内训，讲授由我研发的"提高销售转化率五步法"和"营造品牌搜索环境促进成交"课程；春节过后，2018 年 2 月底，我开始给爱帝宫月子中心写营销实施方案；3 月中旬，我开始分批交付 110 多页的 word 版营销实施方案并指导具体实施执行工作。经过一个季度的不断优化，爱帝宫月子中心的 SEM 广告投放转化率提升了 79.65%。

① 笔记侠，一家专注于 CEO 及决策管理层的新商业知识干货分享新媒体。——编者注

爱帝宫是一个时代的典型缩影，依靠流量红利做大，但是也随着流量红利的结束而客户量增长放缓，然后聘请营销专家来做广告投放的转化率咨询，借助外部营销顾问的专业技能来提高转化率，进而实现企业的客户量、营收和利润的持续增长。

2017 年 12 月 31 日，罗辑思维创始人罗振宇在《时间的朋友》跨年演讲中讲道：不要留恋互联网的伊甸园时代，不要再想着像亚当、夏娃一样，能够随意摘取树上的果子。互联网人的“狩猎时代”结束了，“农耕时代”开始了（图 0-1）。什么叫农耕时代？就是圈一块地，种一季粮，精耕细作，秋收冬藏，提高转化率也是一种把流量精耕细作的方式。

流量

狩猎时代 ➡ 农耕时代

图 0-1

早在 2016 年 7 月，美团 CEO 王兴就公司上半年工作进行了一次内部讲话，提出中国互联网已经进入“下半场”，以前的中国互联网发展，在很大程度上靠的是人口红利，其实人口红利决定了所有红利（图 0-2）。

所有增长的基础是人口

人口红利决定了所有的红利

图 0-2

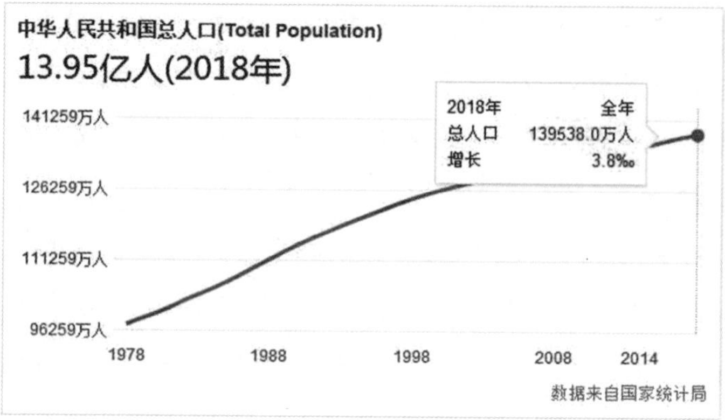

图 0-3

数据来源：国家统计局

中国总人口从 1978 年的 9.6 亿逐年增加到 2017 年的 13.9 亿，而 2018 年全年出生人口达 1523 万人，人口出生率为 10.94‰；死亡人口 993 万人，人口死亡率为 7.13‰；人口自然增长率为 3.81‰（图 0-3），但是随着生育成本和培养孩子成本的不断增加，出生率可能还会下降，当死亡率超过出生率，全国总人口数量便会开始下降。

以前大家发展的方式粗犷一点、成本高一点都不要紧，因为人口在增加。每年卖几亿部智能手机，各行业的业务跟着人口红利的大潮水涨船高。但是，现在可以看到，人口增长率在接下来的几年大概率会出现下降，以智能手机为代表的智能终端产品，年销量也很难增长了（尽管随着 5G 的到来，会出现换机潮，但是总体人口数量不会出现大幅增长），总体网民的增长也大幅趋缓。这也意味着流量变现进入了下半场。

裁员潮与繁荣发展的决定因素：普通转化率与超级转化率

从电商开始冲击线下实体店，到 2018 年“双十一”天猫销售额破 2000 亿，很多公司网络营销带来的销量逐渐超过线下销量，导致很多行业的日子都不太好过，从百度指数查询“裁员”一词得到的数据。如图 0-4。

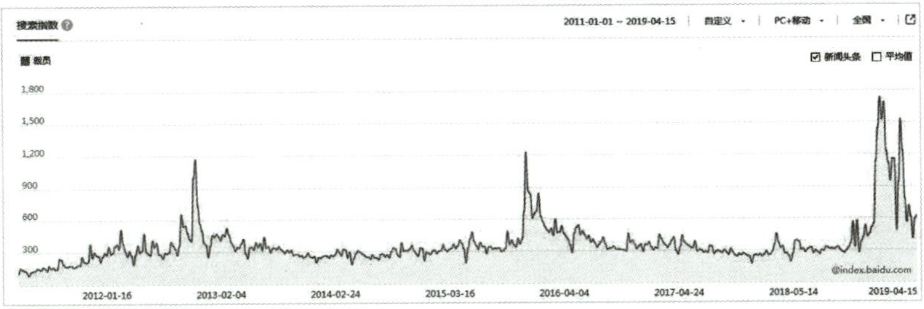

图 0-4　2011 年 1 月 1 日至 2019 年 4 月 15 日百度指数搜索“裁员”的数据

从过去 8 年的数据来看，“裁员”的三个高峰分别为 2012 年 8 月 20 日、2015 年 9 月 7 日、2018 年 12 月 10 日。其中 2018 年 12 月 10 日为最高峰。

从百度里面搜索“裁员”，一共找到约 54500000 个结果。如图 0-5。

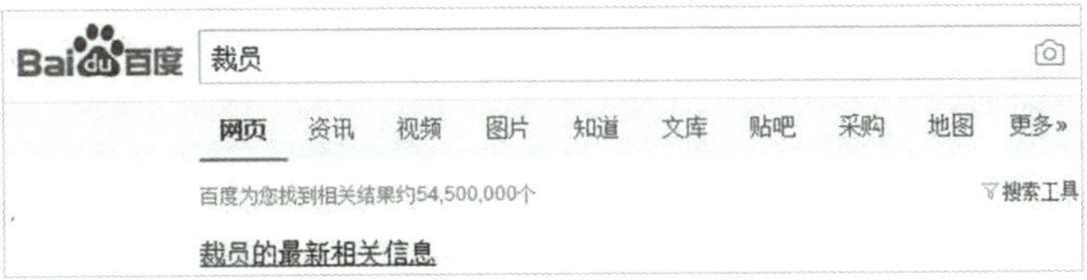

图 0-5　2019 年 4 月 16 日百度搜索“裁员”的数据

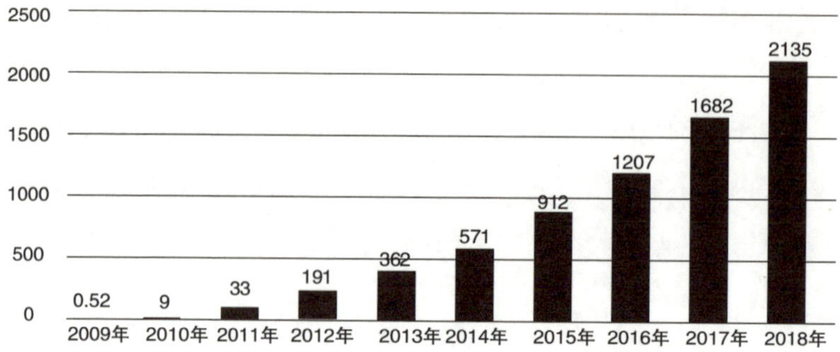

图 0-6 “双十一”淘宝平台历年数据盘点

如图 0-6 所示，从过去十年的“双十一”销售数据来看，商业的形态发生了很大的变化，很多公司倒闭了、裁员了，但是网购的各项数据却是节节攀升，另有一批企业借助网络营销发展得越来越好。

以我做独立营销顾问以来服务的公司为例：

- 南孚电池天猫旗舰店迷你充电宝产品月销量增长 13 倍。
- 某儿童围棋培训机构网络营销招生量超过线下招生量，成为该行业最大公司。
- 在线 MBA（工商管理硕士）项目每年运用网络营销招生超过 1000 人。
- 猫王收音机小王子系列销量突破 162 万台。
- 每周一花新兴行业头部公司高峰期订单量突破 10 万单 / 日。

聪明的你仔细想想，产品没问题的前提下，销量上不去的原因是什么？

没错，是转化出了问题！

很多公司都会去买流量（这里的买流量指的不仅仅是网络广告，线下找人流量大的地方开店也算是买流量的行为），但是同样都是买流量，为什么有的企业效果特别好，有的企业效果就特别差呢？

为什么偏偏是你所在的企业成为那个困难企业?

从本质上讲都是因为转化率不高，如果转化率足够高，投广告的钱能赚回来，并且赚更多的话，企业会继续投广告，不断地滚雪球。比如，一家公司第1个月投100万的广告费，转化率超高，能带来600万的销售额，那它在第2个月的时候大概率会把这600万全部投进去，然后赚3600万，然后在第3个月把3600万投进去，赚2.16亿……这样不断投下去，不到9个月就可以成为一个年营业额破万亿级的公司。如表0-1所示。

表0-1　初始广告投放100万，转化率超高的复利推算表

（单位：元）

第1个月		第2个月		第3个月		第4个月	
投入	营业额	投入	营业额	投入	营业额	投入	营业额
100万	600万	600万	3600万	3600万	2.16亿	2.16亿	12.96亿
第5个月		**第6个月**		**第7个月**		**第8个月**	
投入	营业额	投入	营业额	投入	营业额	投入	营业额
12.96亿	77.76亿	77.76亿	466.56亿	466.56亿	2799.36亿	2799.36亿	16796.16亿

但是现实的世界里很难会存在这种公司，因为现实世界里很难找到能以这种量级生产产品并能一直保持这么高转化率的公司。且公司大了之后，因为管理、内耗等各种原因，利润率一般情况下都会下降。但那不是关键，问题的关键是：普通转化率与超级转化率之间的差距。

详解普通转化率与超级转化率

- 一般人理解的转化率是：

  转化率 = 订单量 /UV[①]

- 而超级转化率是：

  超级转化率 = 转化率 1× 转化率 2× 转化率 3×……

差距就在这，很多企业负责人和营销负责人咨询我营销方面的问题时，我问他订单量多少或者销售额多少，他是知道的，但是一细问，比如问访问落地页 UV 多少（针对网站型获客的企业）？访问店铺首页、商品详情页的 UV 分别是多少？他就不知道了，但是后面这几项数据很关键。

2018 年年底，国内少儿英语培训方面的头部企业销售副总裁通过在盒马鲜生做运营专家的朋友找到我，咨询拿到有意向家长的电话号码到成交的转化率不高的问题。他说目前广告投放到拿到有意向家长的电话号码的转化率还不错，但是号码到成交的转化率还有待提高。我看了数据，无法判断哪里出了问题，因为他只提供了号码量和成交量这两个数据。但是他这个行业从拿到有意向家长电话号码到成交一共有五步。如图 0-7。

号码到接通→接通到筛选有效号码→有效号码到预约试听→预约试听到试听完→试听完到缴费报名，我只有知道了这五步中每一步的转化率，并且运用我在做营销咨询过程中的还原现场法，才能知道问题出在哪里。

---

① UV（Unique Visitor），意为“独立访客”。是指不同的，通过互联网访问、浏览这个网页的自然人。——编者注

图 0-7　一个需要试听才能成交的培训机构从拿到客户号码到成交的典型过程

号码到接通的转化率不高

原因有多种，主要原因有三（见表 0-2）：

- 电销人员拨打号码的时间有问题（致电时间恰好为家长忙或不方便接电话的时间，比如早上、深夜，以及吃饭时间段打电话给家长）。
- 号码质量本身有问题，很多号码为空号、停机或接听意愿低，导致无人接听或多次拨打无效。
- 由于电销人员一天呼出的号码量基本是 100 个起步，电销人员呼出的号码被一些家长用手机软件标注为推销电话后，导致拨打其他家长号码时，家长手机上显示出推销电话，从而使接通率下降得很厉害。

表 0-2

问题表现	导致问题的原因
号码接通率低	拨打时间不对
	号码质量低
	被标注了推销电话

接通到有效号码的转化率不高

原因有多种，主要原因有三（见表 0-3）：

- 一开始吸引家长留号码的落地页可能存在过度诱导留号码的情况。
- 页面上没有写明相关属性，如学习方式（企业是做在线教育的，但是有些家长不接受让孩子在线学习的方式），适学年龄（有些教育培训类项目有明显的适学年龄，但是页面没有写明），这两种情况会导致一部分不符合要求的家长留了号码。
- 投放广告的渠道有问题，比如你是为北京线下 K12[①] 辅导机构做推广，结果投放软文的微信公众号是京津冀区域号，且这个号的粉丝主要居住的区域在天津和河北，而非北京，这就导致绝大部分家长因为路程的问题不会选择带孩子去北京参加补习。

表 0-3

问题表现	导致问题的主要原因
接通后有效号码率低	落地页过度诱导留电
	落地页没写明相关属性
	投放渠道匹配度低

有效号码到预约试听的转化率不高

主要原因都是话术的问题，我拆成两个原因来讲（见表 0-4）：

- 电销人员的销售话术有问题，对产品或服务的核心价值和卖点理解

① K12（kindergarten through twelfth grade）：教育类专用名词，是学前教育至高中教育的缩写，现在普遍被用来代指基础教育，即小学 6 年 + 初中 3 年 + 高中 3 年。——编者注

不够。此时话术重点应该在于传达产品的价值和吸引家长要给孩子报培训班上，也就是“为什么要”。

- 销售话术有问题，对客户的需求痛点挖掘的不够。重点在于匹配需求与说服购买，也就是“选我”。电销人员只顾讲锦上添花的卖点去了，而没有讲那些能雪中送炭的卖点，相对于锦上添花的功能，客户更愿意为雪中送炭的功能付费。

表 0-4

问题表现	导致问题的主要原因
有效号码预约率低	产品或服务对客户的价值传递不清楚
	没有抓住客户核心痛点

预约试听到试听完的转化率不高

原因有多种，主要原因有三（见表 0-5）：

- 营销人员就产品的价值和意义对家长传递不到位，导致家长觉得孩子学不学都不重要。
- 家长忘了这周末或工作日晚上有试听课这件事。
- 各种原因导致迟到，所以不来了。

表 0-5

问题表现	导致问题的主要原因
试听率低	价值传递不够，家长觉得学不学无所谓
	忘了有试听课
	因故导致迟到，所以不来了

试听完到缴费报名的转化率不高

原因有多种，主要原因有三（见表 0-6）：

- 家长对试听课不满意（体验线下试听课时外部环境嘈杂；体验线上试听课时，远程传输设备出现故障；试听内容过深过难或过于浅显；老师和学生的互动不够；老师在试听快结束时没有引导学生对试听课内容发表正面评价等）。
- 家长满意，但是产品或服务的价格没有打动家长或超出家长预算很多。
- 非 K12 必学内容（如少儿围棋、少儿编程等），试听虽然满意，但是家长觉得孩子学不学这个课程不重要，归根结底还是产品或服务的价值没有向客户传递到位。

表 0-6

问题表现	导致问题的主要原因
试听成交率低	家长对试听课不满意
	课程价格超出家长预算很多
	价值传递不到位

看到这里，你是不是开始体会到“细节”二字的力量？凡事就怕认真研究细节，一旦认真对待某事的全部细节，可以挖掘和优化的点就很多。

通过这个例子也反映出一个很大的问题，一个月营业额过亿元的教育公司，对营销获客的过程管理水平是这样的，那中国数以百万计的大大小小的企业营销水平是什么样的便可想而知。

一开始看到本书的朋友肯定有疑惑：为什么大家称我为“转化率特种

兵”，其实看完我作为独立营销顾问以来，运用计算机建模、消费心理学和营销 SOP 帮助创维电视、OPPO、安徽移动、南孚电池、足力健老人鞋、八马茶业、新加坡 SCI、溪木源、满婷、英国小皮辅食、E 宠、东阳光、科大讯飞、猫王收音机、晨北科技、清华紫荆教育、博商、猿辅导、编程猫、凯叔讲故事、美呗医美、爱帝宫月子中心、北森云计算 SaaS、咚咚来客私域 SaaS、开工大吉办公室装修等 49 个行业头部公司提高各类流量转化率的数据，你就知道原因了。

以下是我运用两套模型帮助 49 个公司提升各类流量转化率的数据：

- 服务创维电视期间，将其京东店自然搜索支付转化率提升 189.64%；
- 服务东阳光冬虫夏草项目期间，将其天猫店直通车投放支付转化率提升 153.84%；
- 服务猫王收音机期间，将天猫旗舰店猫王小王子转化率提升 44.5%；
- 服务南孚电池迷你充电宝项目期间，将其天猫旗舰店支付转化率提升 214%，月销量增长 13 倍；
- 服务科大讯飞期间，将其天猫旗舰店 AI 学习机产品转化率提升 71.06%；
- 服务爱帝宫月子中心期间，将移动端 SEM 留电转化率提升 79.64%；
- 服务无忧保姆期间，优化投放账户及页面，使 SEM 推广转化率提高 51.5%，信息流推广转化率提高 1750%；
- 服务神州优车集团神州闪贷项目期间，将意向订单转化率提升 30.1%；
- 服务英国小皮辅食（Little Freddie）期间，将天猫旗舰店果泥产品支付转化率提升 113%，有机大米粉产品支付转化率提升 190%；
- 服务溪木源期间，将天猫旗舰店祛痘精华液产品支付转化率提升

87.95%；

- 服务美呗医美项目期间，将 SEM 项目词转化率提升 63.95%，行业词转化率提升 100.92%；
- 服务编程猫在线少儿编程项目期间，将 SEM 转化率提升 103.7%，信息流转化率提升 72.6%；
- 服务猿辅导计算能力训练营项目期间，优化后的课程页面支付转化率提升 53.7%；
- 服务安徽移动期间，将视频彩铃业务的订购转化率提升 118.9%；
- 服务飞智期间，将京东游戏手柄单品支付转化率提升 49%；
- 服务港股上市公司晨北期间，将亚马逊转化率提升 80%；
- 服务清华紫荆教育在线 MBA 项目期间，将 SEM 留电转化率提升 406%；
- 服务小码王线下少儿编程项目期间，将 SEM 转化率提升 73.96%；
- 服务张德芬空间项目期间，将其有赞店铺酸枣仁膏支付转化率提升 44.5%；
- 服务北森云计算 SaaS 项目期间，将广告投放转化率提升 143.79%；
- 服务满婷项目期间，将天猫店除螨喷液总支付转化率提升 187.8%；
- 服务八马茶业期间，将天猫店铁观音产品支付转化率提升 90.28%；
- 服务得到 APP 期间，将 APP 站内新书转化率提升 33.26%；
- 服务足力健老人鞋期间，将天猫旗舰店支付转化率提高 87.65%；
- 服务博商管理科学研究院项目期间，将抖音信息流转化率提升 90%。

你肯定有疑惑，一般来说，把一个项目做成功可能是实力也可能是运气，但是为什么我能帮助不同行业的公司提高转化率、增加销售额，实现业绩倍数甚至指数级增长，肯定是掌握了某种方法论。是的，我在做这些项目的时候均使用了自己总结的两套模型：超级转化率漏斗模型和让客户下单的陈勇转化六要素模型，并不断地在各个行业运用这两套模型帮助客户解决营销获客的问题。同时，我也在不断导入大量的流量去调整和完善这两套模型。截至 2023 年 6 月，至少有 49 个行业的头部公司共花费 100 多亿元的广告投放费用来验证了这两套模型的正确性与实用性。

我写这本书的时候，就决定把这两套模型公布出来（不涉及营销咨询合同里的保密条款），希望能帮助更多的公司、营销从业者和想增加自身影响力的人实现他们的想法。

这本书都讲了什么？

本书的引言部分讲了当流量从增量时代进入存量时代，大部分公司增长都出现停滞不前的情况。分析了流量变现进入下半场的本质原因，同时也说明了提高转化率的重要性，并且提到了决定一个公司能否继续繁荣发展的主要因素——超级转化率，以及超级转化率的定义。

第一章讲超级转化率漏斗模型以及这套模型在线上与线下的五个不同场景的运用，它们分别是：

- 全流程优化提高教育培训公司网络营销招生量。
- 涨粉效率更高的微信公众号简介。
- 优化注册环节提高注册完成率。
- 优化 App（应用程序）、提高 App 推送开启率。
- 优化细节提高裂变营销的分享率。

这五个不同场景的运用实例会帮助你更好地理解这部分内容，并将自己公司从广告投放到最终成交的流程重新梳理一遍，细化颗粒度，建立好关键节点，并逐步去优化。

第二章是本书的核心，市场营销、策划、广告投放、销售、在线咨询、电商运营、用户运营、产品等大营销领域从业者，这部分内容对你极其重要。这一章讲了运用陈勇转化六要素匹配消费者购物过程的方法，能引导着消费者一步一步往下走，最终达成交易。这一章有客户从了解到下单的下单三步法、提高客户下单转化率的陈勇转化六要素，以及每个要素的定义、使用技巧和大量案例，可以运用到线上和线下的各种营销场景中。

第三章是前面几章理论和使用方法在三个大型商业营销咨询项目中的运用，涉及线下的商业运营和线上的电商运营，这一部分的内容可以帮你建立系统思维。特别是最后的一个超大型案例，详细讲述了一个新产品的营销咨询项目从商业立项→需求分析→主线设置→解决方案→限时活动→扩大流量→特殊流量→数据分析→持续优化到最终的项目结项，运用前面第一章、第二章的方法将月销量提高了 13 倍的过程。

第四章讲从创业到规模商业的四级良性增长引擎。我做独立营销顾问期间，服务过初创企业的商业项目，也服务过年交易规模在千亿元级别的颇具规模的商业项目，最后总结出这些企业从刚开始创业到年交易规模达到千亿元级别经历的几个阶段。我发现他们基本上都经历了四个主要阶段，并且在本章中，我也谈到了在企业发展的这四个阶段中有哪些陷阱等着他们，以及如何科学规避这些陷阱的方法。此外，本章还有五家公司的发展历程梳理（有两家顺利通过前三个阶段进入第四个阶段发展，还有三家只是完成了前面第一阶段或第二阶段的发展，无法完成第三阶段或第四阶段）。通过这一章的内容，你可以清楚地知道自己的公司处于哪个阶段，要注意什么，以及如何做才能快速完成当前阶段往下一个阶段发展，最终将自己的公司发展成规模商业。

最后是后记，里面有我这些年的职场总结以及向这些年一路同行的合作伙伴、朋友和家人表达感谢。本书的结尾是附录部分，我推荐了这些年帮助过我成长的微信公众号，希望你也能从这些公众号里找到对自己有帮助的内容。

注意

转化率不是一个人的事，是一个系统工程，因此建议和团队一起阅读并实践。

1

指数级提升的超级转化率漏斗模型

营销从业者基本上都知道这个漏斗模型，从广告展现→点击→访问→咨询→订单，一步步下来，最后剩下来能成交的客户就很少了。

如图 1–1 所示，这个模型告诉我们两个事实：

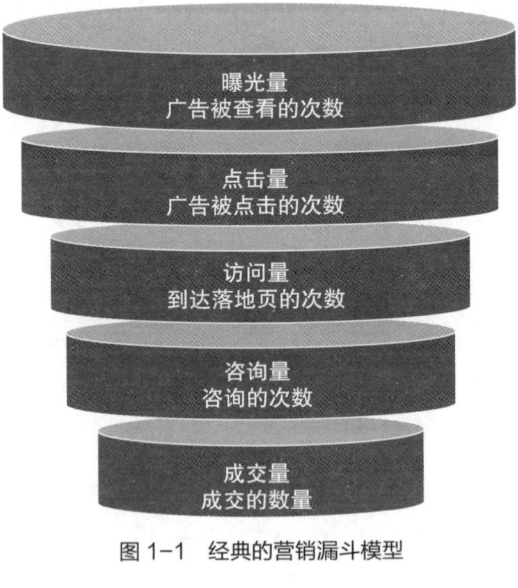

图 1–1　经典的营销漏斗模型

第一，从上一步到下一步的转化率不可能 100%，每一步都会有流失。

第二，大多数情况下，从广告展现到成交的全流程步骤越多，整体的流失就越大。

而我们要做到相同的展现得到更多的订单，那就必须减少展现到成交的步骤，以及优化每一步的转化率，从而提高整体的转化率。

但是这个常见的漏斗模型还是有点粗糙，经过十几个项目的实践，我得出超级转化率漏斗模型。如图 1–2 所示。

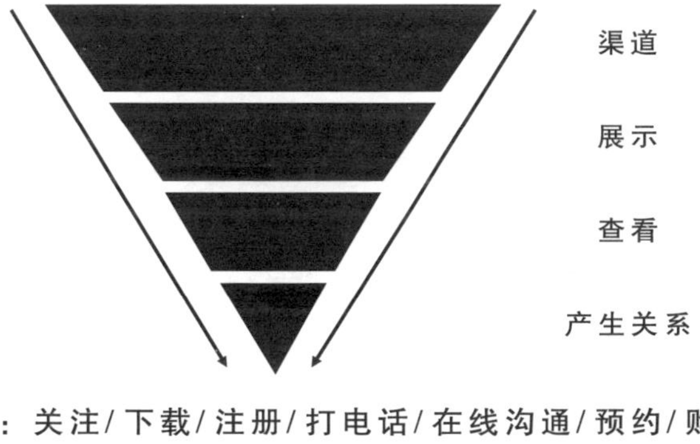

图 1–2 超级转化率漏斗模型

首先我们通过某个渠道把广告展示出来，比如百度 SEM 搜索广告、微信朋友圈信息流广告、公交站或地铁站的广告。这个时候选择广告投放渠道就很重要，如果要做效果广告，筛选投放渠道的标准是：**你的目标客户在哪里找你，就应该在哪里投广告，并且通过对应平台的数据后台或外层销售数据来验证这种判断是否正确。**

潜在客户对展示的外层广告感兴趣就会点击，然后查看中间页或落地页，如果对落地页进一步感兴趣就会与你“产生关系”，在当今的互联网时代，产生关系有且仅有以下几种情况：关注（微博、微信公众号、抖音、快手等）、添加（小程序、股票、指数基金等）、收藏（电商店铺、音乐等）、下载（PC 客户端、App、插件等）、注册、打电话或在线咨询、填写表单预约、购买（网购等），但这仅仅是几个大步骤的转化率，具体到一些服务或产品上，涉及的转化率环节更多。

因此要运用好超级转化率漏斗模型，就需要考虑到具体的实际场景，分两大步去优化。

第一步：把用户从看到广告到最后支付的全流程全部操作一遍，记下每一步操作，才知道里面到底会涉及多少层转化率。

第二步：找到影响每一步转化率的主要因素，去优化它，提高每一步的转化率。

也就是发现问题、找到原因、解决问题，最终就能将整体的转化率实现指数级提升。

举几个例子帮助大家消化理解上述内容。假如你要为一个家装公司做推广，如果你的客户平常通过百度寻找房屋装修公司，那你就应该做百度 SEM 广告或者做 SEO。而用百度推广后台的关键词规划师工具查询到的相关关键词的搜索量数据，如图 1-3 所示。

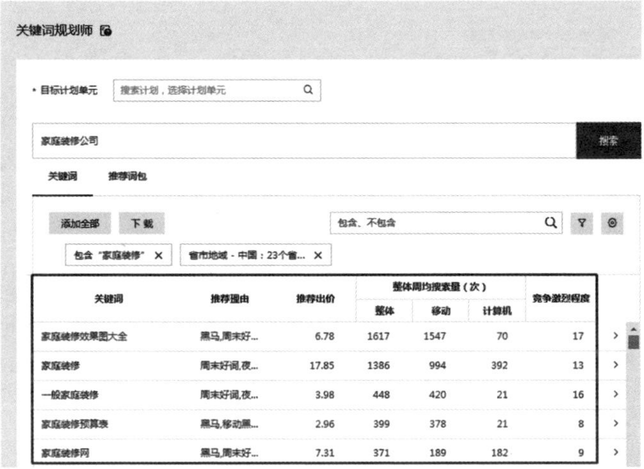

关键词	推荐理由	推荐出价	整体周均搜索量（次）			竞争激烈程度
			整体	移动	计算机	
家庭装修效果图大全	黑马,周末好...	6.78	1617	1547	70	17
家庭装修	周末好词,夜...	17.85	1386	994	392	13
一般家庭装修	周末好词,夜...	3.98	448	420	21	16
家庭装修预算表	黑马,移动黑...	2.96	399	378	21	8
家庭装修网	黑马,周末好...	7.31	371	189	182	9

图 1-3　百度 SEM 后台关键词规划师工具查询“家庭装修公司”的数据截图

从后台数据可以看出：确实有不少人从百度寻找家庭装修的服务，验证了这种判断的正确性，那就去投百度 SEM 广告。然后优化展现到点击（点击率）、点击到查看（到达率）、查看到咨询（咨询率）、咨询到留号码（留电率）、号码到接通（接通率）、接通到有效号码（号码有效率）、有效号码到预约（预约率）、预约到到场（到场率）、到场到成交（成交率），一共九步的转化率就好。

如果你是南孚电池的市场人员，公司研发出了一款迷你充电宝，这个时候你去百度投广告基本上是在浪费钱，因为人们买充电宝习惯去电商（京东、天猫、淘宝等）平台直接购买，这个时候你就应该去电商平台开店卖产品。而淘宝和天猫后台的直通车工具查询的数据，如图 1-4 所示。

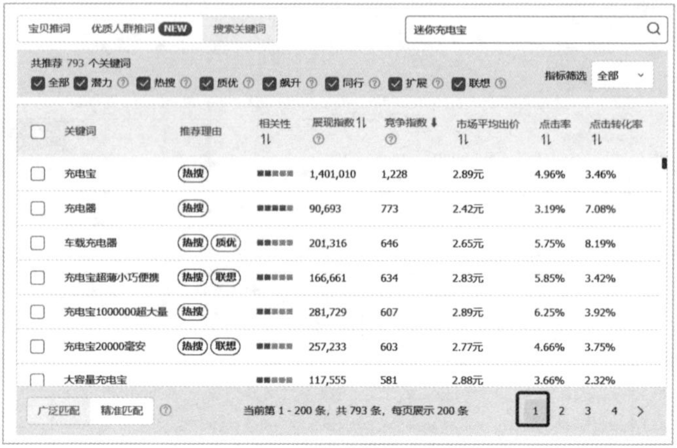

图 1–4　淘宝和天猫后台的直通车工具查询“迷你充电宝”的数据截图

确实有不少人通过淘宝和天猫购买充电宝，验证了这种判断的正确性，那就去投淘宝的直通车广告（直通车广告其本质也是一种搜索广告，只不过用户不是在搜索引擎里发生搜索行为，而是在电商平台里发生搜索行为），然后优化展现到点击（点击率）、点击到查看（到达率）、查看到加入购物车（加购率）、购物车到支付（支付率），一共四步的转化率就好。

如果你是新兴行业，比如每周一花行业（每周送一束鲜花到你家或办公室），一开始是没人知道这个行业的存在的，不会发生什么搜索行为，那个时候投百度搜索广告就是浪费广告费（钱充值到投放账户，尽管花不掉，但是资金是有成本的）。于是每周一花行业的头部企业“花点时间”就通过投放“99 元 4 束花，每周一束还包邮”的朋友圈信息流广告，逐渐让人知道了这个行业的存在，也刺激了每周一束花的需求诞生。如图 1–5。

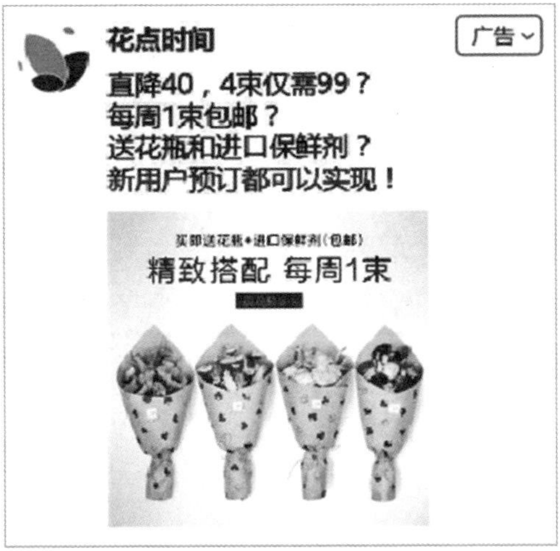

图 1–5　花点时间在微信朋友圈投放信息流广告截图

而从销售数据来看，这个行业投放朋友圈广告也是对的，然后接下来就是优化展现到点击（点击率）、点击到查看中间页（到达率）、查看中间页到关注公众号（关注率）、关注到导入商品详情页（导入率）、查看商品详情页到加入购物车（加购率）、加入支付（支付转化率），一共六步的转化率就好。

要把营销的效果做好，就必须运用超级转化率漏斗模型拆分从曝光到成交的步骤，拆得越细越好，然后找到影响每一步转化率的主要因素，进而去优化每一步的转化率，最后就能实现整体转化率的指数级提升！

超级转化率漏斗模型应用范围很广，不仅仅是网络营销，在线下营销、App 产品运营、裂变营销、增长黑客中也发挥着很大的作用。我举四个不同行业的案例以及一个互联网常用的注册流程案例，帮助大家更好地理解这个模型的魅力。它们分别是运用超级转化率漏斗模型让网络营销招生量超过线下招生量的教育培训行业案例，付费粉丝数超过 500 万的每周一花头部品牌微信公众号简介案例，优化注册流程、提高注册完成率的案例，运用超级转化率漏斗模型提高 App 推送开启率以及提高用户分享率（可运用到裂变营销和增长黑客中）的案例。案例只是为了帮助大家了解这套模型，底层的方法论才是最重要的，如果你不知道如何运用这套模型，欢迎在公众号陈勇营销专栏（ID ：cy-yingxiao）发送 1，加我的私人微信号进行交流。

扫码关注公众号

回复 1，加本书作者陈老师私人微信号
回复 2，获得提高转化率 PPT
回复 3，查看视频版案例、新营销方法、直播 / 回放

1.1 网络营销：以三敌百的招生新方法

一个儿童围棋培训机构，三名网络营销部员工在一个城市线上招生量超过线下一百多个老师招生量的总和，他们是怎么做到的？

这是一个运用超级转化率漏斗模型让网络营销招生量超过线下招生量的案例，也就是 2014 年我操盘的 ROI[①] 高达 1∶102 的儿童围棋教育培训机构招生的案例。大家看完以后要学会举一反三地运用。

一个线下儿童围棋培训公司的创始人坚信，做教育的人心中要有爱和足够的耐心。在这家公司每个人入职后都要读《夏山学校》和《爱与自由》这两本书，并且要写读后感。他们提供高水平的围棋培训小班教学服务，并且不断地升级和更新课程和服务。在北京开了几个校区，经营得都很不错，家长和学员的反馈都非常好。后来创始人

① ROI（Return On Investment）：投资回报率。——编者注

想通过扩大规模，教会更多的小朋友下围棋，从而帮助更多的小朋友成长，于是开始发展加盟业务。在做加盟的过程中，他们发现线下教育培训行业不适合做加盟，因为开放加盟的话，公司会迅速做大，但是加盟校的师资水平很难得到保障，而师资和教学质量是教育培训公司的生命线，于是他们果断关掉了加盟的业务线。做好善后的事情后，公司负责人继续把精力放在钻研儿童围棋的教学方法和培养更优秀的老师上。最后通过“不满意一个月内无条件全额退款”的服务承诺反向促进老师必须把教学水平保持得非常高，然后按节奏开设直营校区。经过七年的发展，该公司成为中国儿童围棋培训行业的头部公司。

2013 年年底，创始人发现各校区老师的教学水平都很高，原来单一通过线下老师陌拜[1]和家长转介绍的招生方式无法满足公司发展的需求，并且效率比较低。以下是当时线下招生的数据：

兴趣率 × 预约率 × 到场率 × 到场成交率=超级转化率

5% × 33% × 33% × 50% = 0.27%

图 1-6　一个儿童围棋培训机构 2014 年线下陌拜方式招生各个环节的转化率

儿童围棋培训针对 4—6 岁的儿童，起初主要通过线下招生的模式经营。比如，到幼儿园门口去陌拜，20 个家长从你面前经过会有 1 个家长停下来听你讲几句，说明这个家长对儿童围棋培训这事有初步

① 陌拜，是一个营销词汇，指不经过预约直接对陌生人进行登门的陌生拜访，是业务人员常用的寻找客户的方式，也称为扫街或者扫楼。——编者注

的兴趣，这是兴趣率 5%。然后通过陌拜招生老师的一些介绍和解答，让家长觉得这个事情还不错，对孩子有用，他愿意预约试听课，这是预约率 33% 左右。但是他预约了就一定会来听试听课吗？答案是未必。到场率 33% 左右，然后从现场试听到成交的转化率在 50% 左右。四层转化率相乘，最终的整体转化率只有 0.27%，也就是 2.7‰，这还是这个行业头部公司达到的数据，行业其他公司可能会做得更差。

而此时同行已经开始借助网络营销来招生。2014 年年初，该儿童围棋培训机构的创始人通过朋友找到我，经过了解和沟通达成一致后，我开始负责儿童围棋培训业务的网络营销工作。当时做网络营销时，很多朋友告诉我，投百度广告很费钱并且没有什么效果。但是我发现很多公司投百度广告，并且长年累月地投放，难道这些公司的营销人员是傻了吗？不赚钱还持续投？其实真相只有一个：他们通过投放百度 SEM 广告赚到钱了。

任何行业都有亏死的公司，也有做得非常大的企业，那为什么偏偏你是那个亏死的？只能说明自己的水平不够。我通过逻辑分析推断投百度广告是正确的选择，但是还得有数据作为支撑，不然老板凭什么给你批预算？

我打开百度推广后台的关键词规划师工具，查了相关关键词的搜索数据。如图 1–7 与图 1–8。

从这些数据可以判断，给孩子报围棋培训班的家长会通过百度去找围棋培训机构。于是我在百度北京分公司开户充值，搭建投放账户，通过关键词规划师来选母词（围棋培训、围棋入门、围棋兴趣班等），然后通过地域词（北京、朝阳、海淀、东城、西城、中关

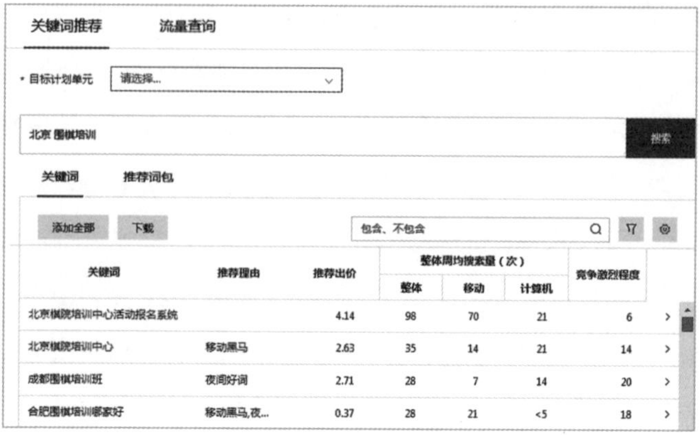

图 1-7　百度推广后台搜索“北京 围棋培训”的数据截图

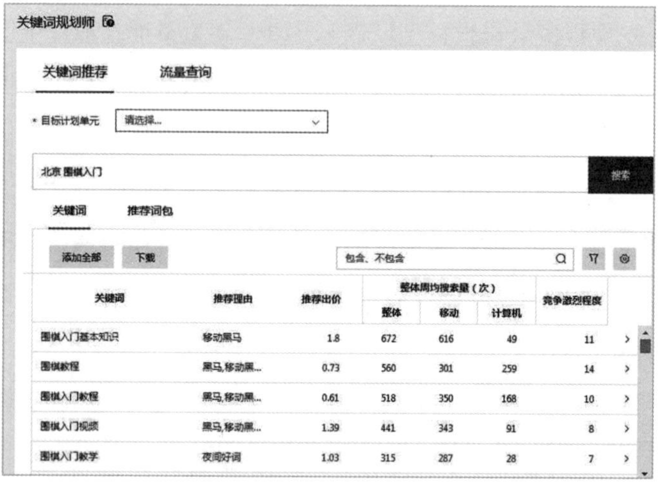

图 1-8　百度推广后台搜索“北京 围棋入门”的数据截图

村等）、疑问词（哪家好、选哪家、价格多少等）的不断排列组合，最后拓展出数万个关键词，并策划落地页，上线投放，通过各项优化后的对比数据，如图 1–9 所示。

兴趣率 × 预约率 × 到场率 × 到场成交率=超级转化率

5% × 33% × 33% × 50% = 0.27%

33% × 74% × 80% × 50% = 9.76%

图 1–9　优化前后的网络营销招生数据对比

网络营销投放了百度广告之后，导入落地页上愿意在线咨询或者打电话咨询、填表单的用户，说明他对这个事情是感兴趣的，从点击到咨询的用户转化率大概为 1/3；通过我们的话术优化，让咨询转化为留号码预约试听课，预约率从 33% 提升到 74%；然后通过流程改造把到场率从 33% 提升到 80%；最后到场成交率的决定性因素取决于线下试听课老师的教学水平，所以网络营销解决不了，还是和以前差不多在 50%。但是你会发现经过前面三步转化率的提升，三者相乘以后超级转化率从 0.27% 提升至 9.76%，也就是说提升了 30 多倍，如果你是老板，你想要上面的 0.27%，还是下面的 9.76%？

这也就是为什么网络营销部三个人一年的招生量能超过线下 100 多位老师的招生量，效率得到了极大的提升。况且到了每年 10 月下旬，网络营销的优势更为明显，因为北京 10 月下旬天气逐渐变冷，陌拜老师不愿意出去招生了，家长也不愿意孩子在外面受冻，在幼儿园门口接到孩子就往家里赶，不会让孩子在幼儿园门口多停留。

只有提高每一步的转化率，才会让超级转化率出现这种指数级的提升。

很多公司的创始人和高管不会问特别细的问题，市场部向你汇报的时候，这个月投了多少钱，带来多少的营收，算 ROI，但是这中间有各种坑等着你。超级转化率 = 转化率 1× 转化率 2× 转化率 3×…

回到关键问题上：这种提升是如何实现的？

还记得前面提到的第二步吗？

第二步：找到影响每一步转化率的主要因素，去优化它，提高每一步的转化率。

我当时看到到场率才 33%，凭经验就知道有提升空间，就开始打回访电话，分析家长不到场的原因。最后我统计发现家长不到场有很多种原因，但主要原因是这三个（见图 1–10）：

分析不到场的原因

- 价值传达不够，客户觉得学围棋不重要
- 客户忘了有试听课
- 堵车等因素导致孩子可能迟到，所以不来了

图 1–10

找到了到场率低的主要原因，我就开始逐项去优化。

价值传达不够，家长觉得学围棋不重要：优化售前的话术，传递学围棋对孩子的价值和重要性。

忘了有试听课：在试听课的前一天或者前两天电话提醒家长次日有试听课这件事情，如果家长提前把相同的时间安排出去了，那就再走一遍试听课的预约流程，把下次试听课的时间锁定。（如果每天预约试听课的数量特别大，可以采用智能电话机器人，来提高效率，降低成本。）

因故可能迟到，所以不来了：在试听课开始前的一个小时打电话问家长出发没，然后说："待会儿可能会堵车，但是我们给孩子精心准备的试听课老师和教室不会分配给其他的孩子用，所以到时迟到了也没有关系，直接过来就行。"并且请家长把这句话转达给孩子。

解决了不到场的三大因素，到场率就会提高，想想自己的公司把这些工作细化到这一步了吗？

怎么将预约率从 33% 提升到 74%？

想想预约率低的原因，主要还是家长觉得学围棋对孩子不重要。那怎么传递学围棋对孩子的重要性？

一般家长了解兴趣班都会问价格，而棘手的是，通常情况下，售前咨询人员最怕客户问价格，除非价格上有优势。而我们正好通过对价格问题的回答来传递学围棋对孩子的作用（重要性）。当一个家长问价格时，特别是当定价高于同行的情况下，该怎么回答？（图 1–11）同样以我操盘的儿童围棋培训项目举例。

当一个客户问价格时
（特别是价格高于同行的情况下）
我该怎么回答？

图 1-11

客户打电话来，问你价格多少的时候，你想想不看价值只看价格，且价格高于同行的情况下，你怎么说？

如果直接说价格，基本就不会有下文了，因为：一是不看价值只看价格的话，我们价格高于同行；二是直接问价格的客户是询价型的客户。这个时候正确的做法不是说价格，而应该是：

第一步：提供多种选择，避开主要问题。

家长："你们这课多少钱？"

售前咨询人员："家长您好！我们有初级班、中级班、高级班，还有 3 个月、6 个月、1 年、3 年等多种课程，要看孩子适合读哪种班，才知道最终价格。"

提供多种选择，避开直接问题
初级班、中级班、高级班

图 1-12

第二步：用容易回答的问题来筛选目标用户。

售前咨询人员："您的孩子几岁了？"

家长："× 岁。"（如果符合 4—6 岁的适学年龄，继续后面的问题，不符合就说不合适，低于 4 岁，记下孩子年龄和家长号码，在系统中记录下来，到了适学年龄的前两周再联系家长，超过 6 岁，就说不适合我们这种班了，委婉拒绝。之所以第二步问年龄，是为了快速判断是否属于目标客户，不属于目标客户的就迅速解决，挂掉接另一个电话，售前客服人数有限，需要把时间留给目标客户。）

用容易回答的问题来筛选目标用户

孩子几岁了？

图 1–13

第三步：把所有可能的情况都考虑一遍，找到对应的痛点刺激。

售前咨询人员："是男孩还是女孩？"

情况 1：

家长："男孩。"

售前咨询人员："性格是活泼好动还是成熟稳重？"

家长："男孩子，性格活泼好动。"

售前咨询人员："家长您好！我们北京有 12 所校区，最大的校区是望京的六佰本校区，有 1000 多个孩子，绝大部分家长把孩子送过来学围棋就是因为孩子活泼好动，太闹了，小屁股坐不住，注意力不集中。我们都知道，注意力不集中，学什么都不行，因为没有大量的输入，就不会有输出，不要说语数外了，其他的科目也学不好。这里的很多孩子家长是听孩子的幼儿园老师、教育专家或朋友说学围棋能提高注意力，所以把孩子送过来学围棋，锻炼孩子的专注力。"

这个时候家长不会跟你纠结价格，而是直接约试听课，因为解决孩子的问题更重要。

情况 2：

家长："女孩。"

售前咨询人员："性格是活泼好动还是文静内向？"

家长："是女孩，性格偏文静内向。"

售前咨询人员："您还记得您读高中的时候，学空间立体几何和排列组合时，是不是班里的男生成绩普遍比女生好？这是个事实，大部分女生比男生的空间想象能力和逻辑推理能力要差，很多家长送女儿学围棋就是为了提高这两点。现在生了个女儿，将来读高中也要学排列组合和空间立体几何，你说家长是现在花钱送孩子去学习解决这个问题，还是等将来孩子读高中的时候，面对空间立体几何和排列组合，孩子比较吃力甚至痛苦，家长也跟着一起痛苦，毕竟辅导孩子补习也是很痛苦的事。"

当然，还有男孩且性格稳重、女孩且性格活泼好动的话术就不在书里一一写出了。

把所有可能的情况都考虑一遍

找到对应的痛点刺激

性别、性格

图 1-14

我通过把所有的情况都模拟一遍，无论他问什么，我都能回答，并且能刺激痛点 + 传递产品或服务的价值（非锦上添花的价值，而是雪中送炭的价值），我的预约率就会提高。这就是为什么儿童围棋培训项目网络营销团队经过话术优化之后，预约率能从33%提高到74%。

细节里面不仅有魔鬼
细节里面还有很多很多钱

图 1-15

注意

初心很重要，用好的方法将好的产品卖给有需要的客户，为客户提供更多价值。这段售前咨询的话术经过了专业策划，且这段售前咨询的案例重点用到了陈勇转化六要素中的痛点刺激，关于陈勇转化六要素和痛点刺激的详解请查看本书第二章和2.6《痛点刺激：远离痛苦的助推术》，不过为了让您更好地学到更多营销转化率的技巧，我建议您按照本书的顺序看。

1.2 吸粉模板："微信生态落地页"三步法

一个微信公众号，每周三推送文章的第一条基本在8分钟内阅读量就达到了10万+。这个绝大多数新媒体小编梦寐以求的10万+，对于他们来说只是最基本的。如果你看一下那个公众号，会发现周围的朋友中关注这个公众号的人还很多，你是不是迫不及待地想知道他们是如何实现的？我来拆解给你看。

超级转化率漏斗模型应用范围很广，在微信公众号方面也会涉及关注率（也就是常说的吸粉率）、打开率、点赞率、评论率、转发率等，因此也能用超级转化率漏斗模型来提高微信公众号的转化率。接下来我们以常见的公众号简介举例，公众号简介主要影响关注率，而我们关注一个商业公众号的原因相对简单：获取利益。比如，学习专业技能、获取某产品的使用说明、获得优惠券并下单、查看余额变化等都是"获取利益"的方式。

按照不同的方向，公众号有很多种划分方式。按照公众号推送的内容来涨粉的方式可将公众号分成三种类型：内容型公众号、功能型公众号，以及混合型公众号。内容型公众号好理解，就是通过内容的运营来提高公众号的影响力（最直接的体现就是文章的阅读量、公众号的粉丝量等）和其他商业需求（销售产品或服务）。如 36 氪、鸟哥笔记，他们的微信公众号简介如图 1–16。

图 1–16　36 氪与鸟哥笔记微信公众号简介截图

因为 36 氪和鸟哥笔记微信公众号的受众差异比较大，因此两者的公众号简介差异也很大。

功能型公众号也好理解，就是通过某项功能（比如查快递进度、打车等）来提高公司的商业需求，如顺丰快递和滴滴打车，他们的微信公众号简介如图 1–17。

除去功能需求本身（查快递、寄快递或打车），顺丰快递和滴滴打车的公众号简介哪一个更吸引你想关注它?

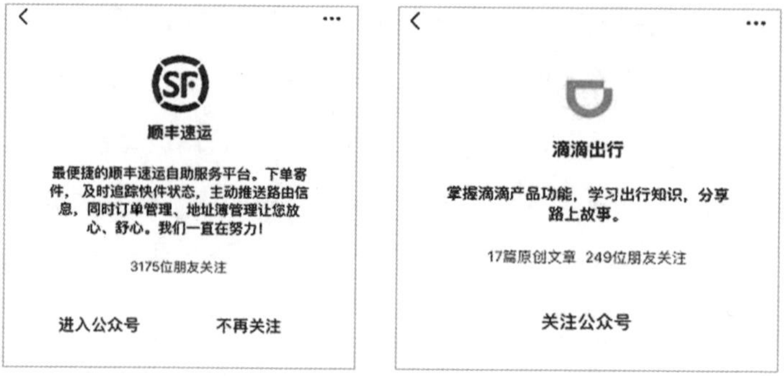

图 1–17　顺丰与滴滴的微信公众号简介截图

混合型公众号就是既有内容又有功能，在此就不一一举例。无论是哪一种类型的微信公众号，都有一个真实的需求：涨粉。也就是吸引你关注它。

2016 年 10 月底，每周一花行业头部企业花点时间通过其天使投资方青山资本找到我，在了解了项目情况和沟通了需求之后，我们开始了第一期的营销咨询合作，目的是提高微信朋友圈信息流广告吸引更多人关注公众号的关注率，进而将公众号粉丝导入花点时间的有赞店铺，提高客户下单买花的转化率。这个全流程里面共涉及三大转化率：微信朋友圈广告点击到关注花点时间公众号的转化率、关注公众号到进入有赞店铺每周一花产品详情页的转化率、查看产品详情页到下单买花的转化率（现在可以直接投小程序广告，将原来的 3 步缩短为 2 步）。出于对营销咨询合同里保密条款的尊重，本章节只讨论从微信朋友圈信息流广告点击到关注花点时间公众号的转化率，也就是人们常说的关注率。

当时我为花点时间第一期营销咨询合作撰写的营销实施方案目录，如图 1–18 所示。

目 录

一、项目综述……2

1.1 项目背景……3

1.2 目前现状以及亟待解决的问题……7

二、客户分析和产品分析……8

2.1 客户画像分析……8

2.2 产品分析以及对客户价值的深度挖掘……10

三、微信朋友圈广告优化……18

3.1 微信朋友圈广告展现优化……19

3.2 微信朋友圈公众号引导关注优化……25

3.3 微信公众号欢迎语优化……28

3.4 有赞每周一花商品详情页策划……30

四、微信运营……49

4.1 微信一级、二级菜单以及下单流程规划……51

4.1.1 订阅号菜单设置以及购物流程规划……52

4.1.2 服务号菜单设置以及购物流程规划……57

4.2 微信订阅号、服务号日常推送内容规划……61

4.2.1 微信订阅号日常推送内容规划……62

4.2.2 微信服务号日常推送内容规划……66

4.3 获得广泛影响力的微信公众号特殊内容策划……69

4.4 微信增粉活动策划……75

五、整套营销方案实施注意事项……83

5.1 实施步骤……83

5.2 沟通机制……84

5.3 整套方案实施注意事项……84

图 1-18　作者服务花点时间项目时撰写的第一期营销方案目录

优化前花点时间的公众号简介，如图 1–19。

图 1–19　花点时间原来的公众号简介截图

“每周一束鲜花，周六配送到家，或周一送达公司。为热爱生活的都市女性，提供全新生活方式体验。”

这个公众号讲明了公司是做什么的，但是没有讲明大家为什么要关注它。

一个关注转化率高的公众号简介需要讲清楚三件事：

- “我”是做什么的？
- “我”有什么优势？
- 你为什么现在关注“我”？

我在深入分析花点时间的产品特点、公司优势以及进行了产品对客户产生的价值的深度挖掘之后，结合微信官方规定的公众号简介规则，把花点时间的公众号简介改为：

“明星高圆圆投资的品质鲜花品牌【新用户现在下单，不仅包邮，还送花瓶】鲜花包月，精致搭配，享受每周一花的小幸福。”如图 1–20。

经过这一次公众号简介优化，花点时间公众号的关注率（微信朋友圈信息流广告点击到关注的转化率）提高了 29.76%。

图 1-20　项目期时优化后的花点时间公众号简介截图

图 1-21　笔者的微信朋友里关注花点时间的数量
及微信朋友数量截图

请注意看，我的微信号里有 4991 位朋友，其中有 1014 位朋友关注了花点时间，也就是 1014÷4991×100%=20.31%。如果你对这个数据感兴趣，可以看一下自己的好友中有多少朋友关注了花点时间这个微信公众号，相信你对自己查到的结果挺吃惊的，自己的朋友里面竟然有这么多人关注了花点时间，并且有不少朋友平常就在花点时间上买花。这也说明了花点时间受欢迎的程度。花点时间这几年在鲜花供应链上投入很多资源，完善并提高供应链水平，为订购每周一花的客户提供更好的服务，让大家享受每周一花的小幸福。

接下来，我们按照前文提到的关注率高的微信公众号简介需要说清的三件事来拆解一下优化后的花点时间公众号简介。

- “我”是做什么的？

由于很多粉丝是通过微信朋友圈广告点击进来的，所以外层广告中已经告诉粉丝“我”是做什么的了，但是为了加深印象，于是在简介里写了“鲜花包月”。

- “我”有什么优势？

“明星高圆圆投资的品质鲜花品牌”“精致搭配”。

- 你为什么现在关注“我”？

“【新用户现在下单，不仅包邮，还送花瓶】”。

故意用“【 】”符号是想突出，起到提醒的作用。

将优化前后的简介放在一起对比，理解会更深。如图 1–22。

（营销咨询服务优化前）

（营销咨询服务优化后）

图 1–22

大家也可以看一下每周一花行业的另外一家公司的微信公众号

简介。如图 1–23。

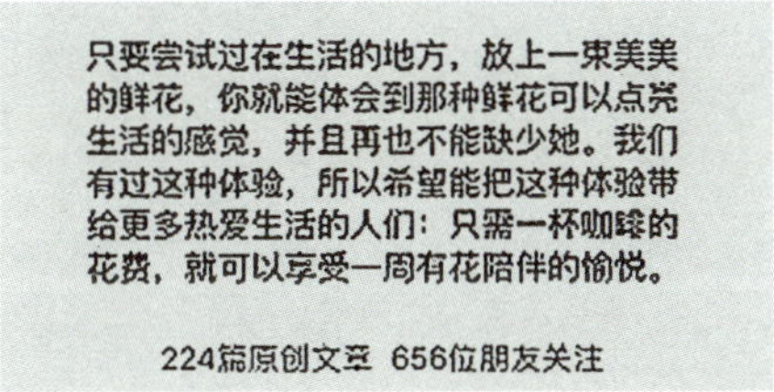
只要尝试过在生活的地方，放上一束美美的鲜花，你就能体会到那种鲜花可以点亮生活的感觉，并且再也不能缺少她。我们有过这种体验，所以希望能把这种体验带给更多热爱生活的人们：只需一杯咖啡的花费，就可以享受一周有花陪伴的愉悦。

224篇原创文章 656位朋友关注

图 1–23　每周一花行业某公司的公众号简介截图

“只要尝试过在生活的地方，放上一束美美的鲜花，你就能体会到那种鲜花可以点亮生活的感觉，并且再也不能缺少她。我们有过这种体验，所以希望能把这种体验带给更多热爱生活的人们：只需要一杯咖啡的花费，就可以享受一周有花的愉悦。”

同样按照上面提到的关注率高的微信公众号简介需要说清的三件事来拆解一下这个公众号简介。

- “我”是做什么的？

尽管提到了“一周有花”，但是很朦胧，不具体。

- “我”有什么优势？

简介里没有提，如果“只需要一杯咖啡的花费”也算的话，算是简单提了一下价格优势。

- 你为什么现在关注“我”？

简介里根本没有提。

所以，因为公众号简介导致的关注率，花点时间肯定比其他同行要高。

最后将两家的微信公众号简介放在一起对比一下（图 1–24）：

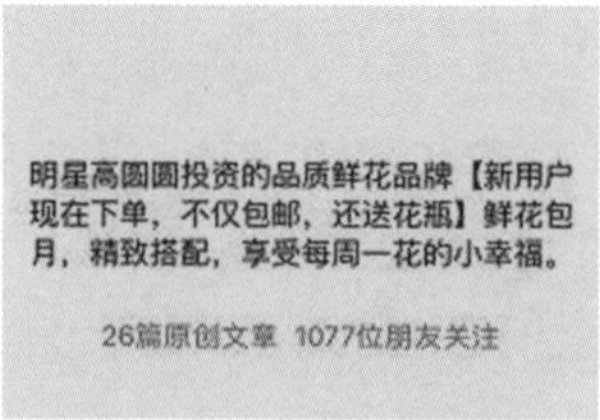

优化后的花点时间公众号简介

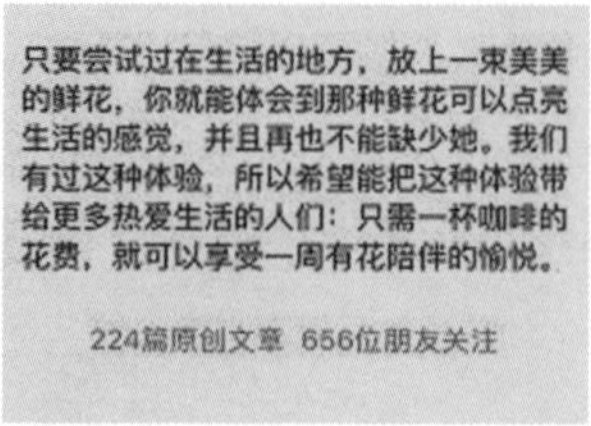

每周一花行业某家公司公众号简介

图 1–24

看一眼就知道花点时间的微信公众号简介更能吸引大家来关注。

再拿我自己的微信公众号“陈勇营销专栏”简介来举例说明。如图 1–25。

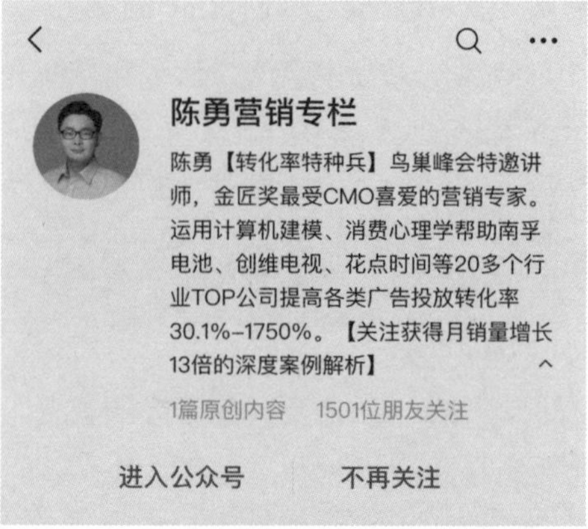

图 1–25 陈勇营销专栏公众号简介截图

- “我”是做什么的？

“转化率特种兵”，利用计算机建模、消费心理学帮助各大公司提高各类广告投放转化率。

• “我”有什么优势?

“转化率特种兵”是大家给我的标签，大家对特种兵的固有印象是很厉害，经常一个人解决一场战斗中最重要的部分，加上“鸟巢峰会”“金匠奖最受 CMO 喜爱的营销专家”“南孚电池”“创维电视”等知名峰会、奖项，及大公司项目的背书，让大家觉得这个号有料。

• 你为什么现在关注“我”?

营销从业者或者对营销感兴趣的人喜欢看案例解析，于是就有了“【关注获得月销量增长 13 倍的深度案例解析】”。

而当用户关注后，我在欢迎语方面进行了优化，从而提高历史文章的阅读量。由于更多营销从业者喜欢向人学习，于是我加了一句：回复 1，获得陈老师微信号。(见图 1–26)

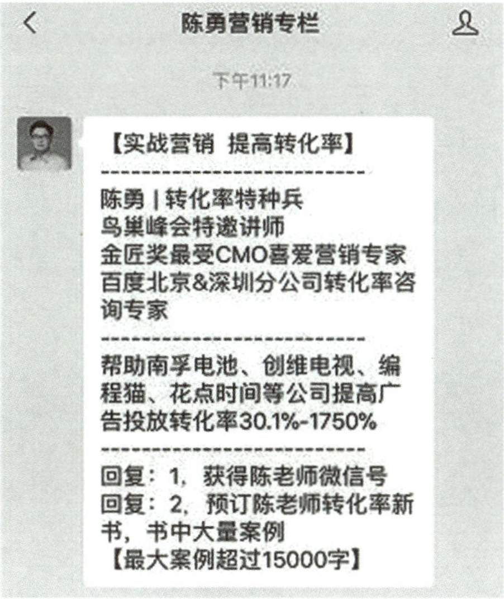

图 1–26

陈勇 | 转化率特种兵
鸟巢峰会特邀讲师
金匠奖最受 CMO 喜爱营销专家
百度北京 & 深圳分公司转化率咨询专家

帮助南孚电池、创维电视、编程猫、花点时间等公司提高广告投放转化率 30.1%—1750%

回复：1，获得陈老师微信号
回复：2，预订陈老师转化率新书，书中大量案例
（最大案例超过 15000 字）

看到这里，你是不是想立刻去优化一下自己的或公司的微信公众号简介和欢迎语了？记住关注率高的微信公众号简介需要说清的三件事：

- “我”是做什么的？
- “我”有什么优势？
- 你为什么现在关注“我”？

注意

本节关于高关注率微信公众号简介部分的案例重点用到了陈勇转化六要素中的信任状，关于陈勇转化六要素的详解请查看第二章《超级转化率：让客户下单的陈勇转化六要素》，不过为了更好地理解，建议按照本书的顺序看。

1.3 注册转化：避免 16 万用户流失的优化术

互联网产品和线下商业，只要涉及会员管理系统，基本都离不开注册这一环节，按理说 100 个人收到了验证码，即便不是 100 个人也应该有 95 个人注册成功了吧？但实际情况是，注册人数往往低于这个值，这是什么原因导致的，并且该如何解决呢？

我们常见的注册框，如图 1–27。

大部分人看这个注册框没觉得有什么问题，但实际情况是，很多公司下发了 100 万条注册用的验证码短信，但是只有 90 万或 85 万甚至更少的人成功完成了注册，也就是注册这一环节损失了十几万的用户！既然用户都填写手机号了，下发了验证码，为什么没有注册成功呢？

让我们想一下生活中的实际场景，就知道问题出在哪儿了。你要在某 App 注册账户，当你填写手机号，点击了“获取验证码”按钮，收到验证码，正准备填写验证码，并设置密码、点击注册按钮过程

图 1-27　樊登读书会注册框

中，突然有个重要朋友的电话打进来，你就顺手接起来了，几分钟甚至几十分钟电话结束后，你忙着处理电话里提到的事或其他事，还会想起注册某 App 这件事吗？手机端太容易被干扰了，刚才只是说来电话，其实还有其他很多干扰注册流程的因素。比如，你在高速路上，前方有涵洞，你在进入涵洞的前几秒点击了“获取验证码”按钮，但是车子进入高速公路的涵洞中，因为涵洞中信号不好，导致验证码下发了，但是你未收到或者延时收到，这时候你就无法当即完成注册。这就是为什么有的公司下发了 100 万条验证码短信，但是只有 84 万人完成了注册，剩下 16 万人就这么白白丢掉了。

这里就涉及一个概念，那就是注册完成率。

$$\text{注册完成率}=\frac{\text{完成注册的人数}}{\text{点击注册按钮的人数}}\times 100\%$$

图 1-28

那如何提高注册完成率呢？

按照超级转化率漏斗模型说的**第一步：把用户从看到广告到最后支付的全流程全部操作一遍，才知道里面会涉及多少层转化率。**因为本节只讲注册完成率，因此只操作注册流程。樊登读书会的注册流程如下：填写 11 位手机号码→点击“获取验证码”按钮→填写收到的 6 位短信验证码→设置密码→点击“注册”按钮完成注册。也就是一个新用户，要完成注册得操作五步。那这五步能不能减少，并优化剩下的步骤呢？

按照前面提到的超级转化率漏斗模型**第二步：找到影响每一步转化率的主要因素，去优化它，提高每一步的转化率。**

- 用户填写完手机号后，不需要点击“获取验证码”按钮，系统判断用户输入了 11 位手机号后，自动往这个手机下发短信验证码。
- 目前樊登读书会的验证码是 6 位数字验证码，这样用户输入的时候就要输入 6 位数字，如果采用 4 位数字的验证码是不是更方便用户？
- 当用户输入了验证码之后，系统自动判断验证码的正确性并自动完成注册，而不需要用户设置密码和点击“注册”按钮来完成注册。

也就是原来需要用户操作五步才能完成的注册流程，现在只需要用户填写 11 位手机号→输入 4 位验证码之后就能自动完成注册，两步就可以完成注册流程，然后自动进入新用户的引导页。这样注册流程得到了很大的简化，且输入的验证码也由 6 位减少到 4 位，注册完成率就会提高。

这个时候产品经理可能会说，必须让用户点击“获取验证码”按钮，不然会有漏洞。比如，别人恶意填写手机号，然后系统不断下发验证码，虽然走短信通道，单条验证码短信很便宜（一般 3 分 / 条，量特别大的话，价格会更低），但是一天之内下发几万甚至几十万条验证码短信，费用就高了。因此注册流程建议将原来的五步优化为：填写手机号→点击“获取验证码”按钮→输入 4 位验证码自动完成注册，一共三步，这样也提高了注册完成率。

为了让大家理解更深刻，我们再来看两个千万级别用户量 App 的注册流程，一个是得到，一个是每日优鲜。

- 知识付费头部品牌得到 App 的注册流程。

第一步：填写 11 位手机号

第二步：点击“发送验证码”按钮

第三步：自动跳转到填写验证码页面，填写 4 位验证码。

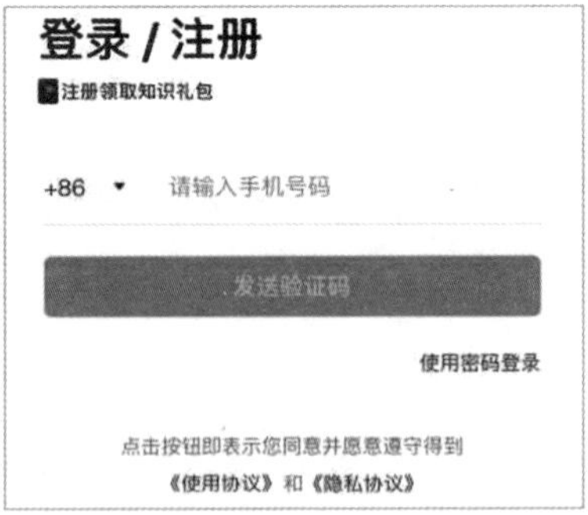

图 1-29　得到 App 注册界面截图

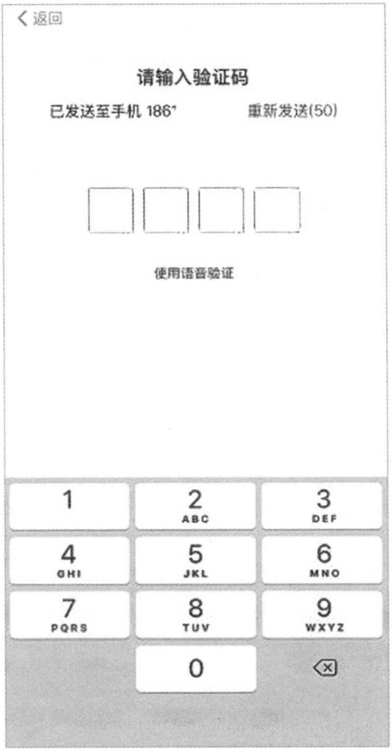

图 1–30　得到 App 注册输入验证码界面截图

系统自动校对验证码正确，自动完成注册并进入首页，也就是整个注册流程只需要三步，并且把输入手机号和验证码放在两个页面（图 1–29、图 1–30），避免用户一开始看到页面时发现要填很多内容，产生抗拒心理。

生鲜电商头部品牌每日优鲜的注册流程。如图 1–31。

图 1–31　每日优鲜 App 注册界面截图

第一步：填写 11 位手机号

第二步：点击“获取验证码”选项

第三步：填写 4 位验证码

第四步：选中同意用户协议和隐私政策选项

第五步：点击“登录”按钮

也就是需要五步才能完成注册。

如果要优化为三步就需要：

1. 填写完正确验证码后自动完成注册。

2. 去掉选中同意用户协议和隐私政策按钮，而改为一句话的提示。如下图 1–32 所示。

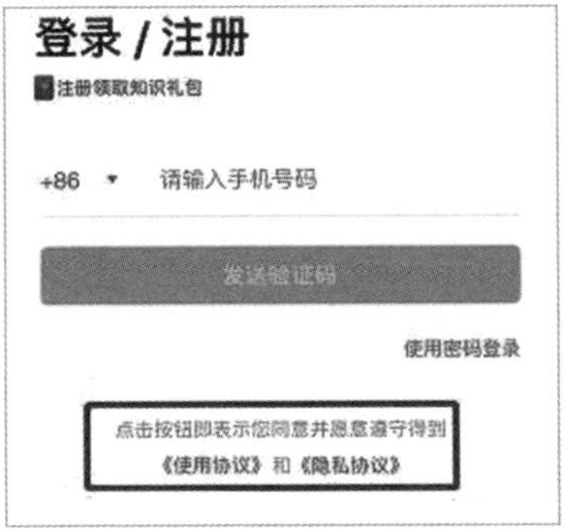

图 1–32

但是，做好这些就可以了吗？其实引导注册的最外层页面内容也很重要，可以利用最外层的页面增加用户注册的动力。比如，樊登读书会最外层引导注册页面。如图 1–33。

他们给新用户一个利益引导："注册领取 7 天 VIP"，这 7 天 VIP 的权限就是可以"免费畅享 200 本好书音视频解读"，但是如果把底部按钮上的文字"注册领取 7 天 VIP"改为"注册免费领取 7 天 VIP"，效果会更好。但是这种页面有个劣势就是需要点击最外层页面的注册按钮才能进入注册框页面，其实可以在这个页面的中间大幅空白部分加上注册框，填写手机号→获取验证码→填写验证码，这样既增加了用户注册的动力，也减少了注册的环节，使注册环节达到更高的转化率。

但是优化到这一步，只能算优秀水平，不能算卓越，**优秀是卓越的天敌，**作为理工男的我总是想追求最优解。前面提到点击获取验证码按钮这一步不能取消，是因为怕其他人利用漏洞不断填写手机号下发验证码，导致资源的浪费。那有没有一种底层技术能够知道该用户是个真实的 ID，而不是机器人恶意来注册的呢？

请看图 1–34。

图 1–33 樊登读书会 App 引导注册界面截图

图 1–34　墨迹天气注册 / 登录界面

一键注册或登录功能，不需要用户填写手机号，也不需要填写验证码，只需要点击“本机号码一键登录 / 注册”按钮即可完成登录或注册，也就是将原来需要五步完成的注册环节简化到一步即可完成注册，极大地方便了用户。而从底部的文字提醒可以知道这款 App 用到了创蓝 253 代理的运营商的认证服务，这就是利用底层技术优化提高效率的一种方式。

看到这里，相信很多朋友开始体验自己公司的注册流程，并想着如何去优化注册这一流程，提高注册完成率了。**学了就用，不断实践是非常好的学习方式。**

注意

如果后台数据显示注册完成数或下发验证码条数的比例太低，也就是注册完成率比80%还要低，就要看一下引导注册的页面是不是存在诱导注册的行为。如果没有诱导行为，可以给这些下发了验证码但是未注册成功的用户打回访电话(抽取一定比例即可)，问是否收到验证码，从而判断是不是下发短信的通道出了问题，并且同时增加第二次请求发送验证码时更换短信通道下发的机制，第三次请求验证码用语音验证的方式来解决这个问题。

解决了注册完成率的问题，并不意味着万事大吉，提升 App 的转化率还有很长的路要走，接下来我们来看看怎么运用超级转化率漏斗模型提高 App 推送开启率。

1.4 App 推送：这样做让用户更愿意接受通知

一个 App 用户从看到广告到进入新人引导页面一般要经历六步：点击广告下载 App →打开 App →选择是否允许推送通知→注册→填写用户信息→新人引导。

这六步，再往下拆分可以拆出十几甚至二十多个小步，假设每一个小步提升百分之十几的转化率，整体的转化率就可能提升 10 倍以上。很多人不在乎这些细节，但往往是这些细节，导致你花钱获取了 1 万个用户，别人用同样的钱获取 3 万个用户，你的 1 万个用户创造了 6 万元的利润，别人 3 万个用户创造了 30 万元的利润。

这些步骤中我们拿是否允许推送通知这一步来举例。

我们在手机应用商店（苹果应用商店、应用宝、华为应用商店、OPPO 应用商店等）下载 App 并完成安装，打开的时候，当 App 想获取用户开启通知的权限（好为今后做用户运营，提高活跃度做准备）时，系统都会弹出是否愿意开启推送权限的提醒。如图 1–35 所示。

图 1-35　得到 App 下载后打开的界面截图

大家都比较急，App 在安装完打开后就立即想获取用户开启推送的授权。一般情况下，这种粗暴的处理方式导致点击“允许”按钮的比例比较低。iOS 版一般在 30%—50%，Android 版的高一些，在 60%—80% 之间。不同的 App 推送开启率不同。表面上看，多百分之几的推送开启率好像没有什么意义，但是如果 App 的下载量超过百万级，多百分之几的推送开启率就意味着多了几万人开启了推送的授权，这是很可观的数据。那么怎样运用超级转化率漏斗模型来提高 App 的推送开启率呢？

记得本章开始的时候，我说过要运用好超级转化率漏斗模型，就需要考虑到具体的应用场景，分两大步去优化：

第一步：把用户从看到广告到最后支付的流程全部操作一遍，才知道里面会涉及多少层转化率。

第二步：找到影响每一步转化率的主要因素，去优化它，提高每一步的转化率。

因为 App 的推送开启率就一步，不能再拆解，那就按照第二步去操作，找到影响 App 推送开启率的主要因素，去优化它。

感谢专注于 App 推广 6 年的鸟哥笔记授权提供其内部孵化的一个电商导购类 App 的数据。这个 App 原来的 iOS 版推送开启率为 35%，经过第一次优化后，推送开启率从优化前的 35% 提升到 51%，并且经过第二次优化后，推送开启率从 51% 最终提升到 56%。我们来看看是如何优化将推送开启率从 35% 最终提升到 56% 的。

大家打开 App 的时候，前面基本上都有 1—2 张启动页（一般是品牌的内容介绍），然后立马发出开启推送请求。实际上，用户一般都认为推送的内容对自己没有吸引力或者就是纯广告，为了防止被打扰，都会选择“不允许”。

其实这一步可以优化，就是在新用户打开 App 往下操作的时候弹出一个提示（如图 1–36），告诉用户，我们推送的通知是什么内容，如果这个内容和用户的利益有关（比如，可以获取今天的新增收益、好物抢先看、好友互动等），点击“开启通知”的比例就会高很多。而用户点周边是无法关掉的，只能点“开启通知”按钮，才能进

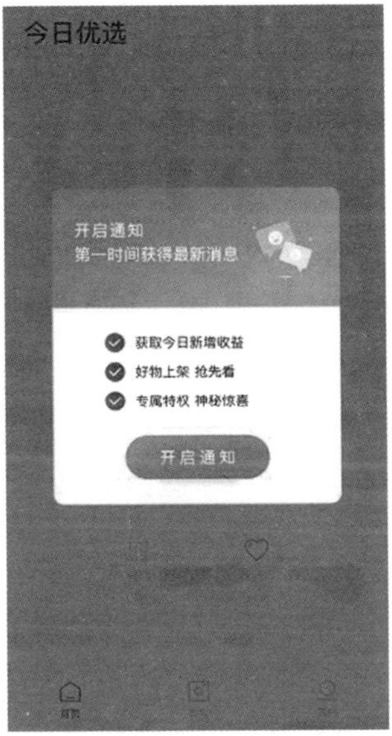

图 1–36　某电商导购类 App 下载后打开的界面

入下一步。用户点 App 里的“开启通知”按钮有用吗？正常情况下点击“开启通知”按钮的作用不大，因为要提示用户进入系统设置里面去开启，操作就复杂了。但是，当用户点开启通知按钮后，再弹出系统发出的获取推送权限的请求，转化率提高得会特别明显。因为他已经按了开启，就会有一个沉没成本在里面，并且用户觉得既然已经付出成本了，接下来点“允许”（图 1–37）的成本就不高了。另外，这个过程中其实用户已经做了一个承诺，就是承诺“开启通知”，而大多数用户都希望自己表里如一，为了实现这个承诺，用户也只好在系统发出获取通知授权的时候，点击“允许”，经过这一步优化后，推送开启率从 35% 提升到 51%。

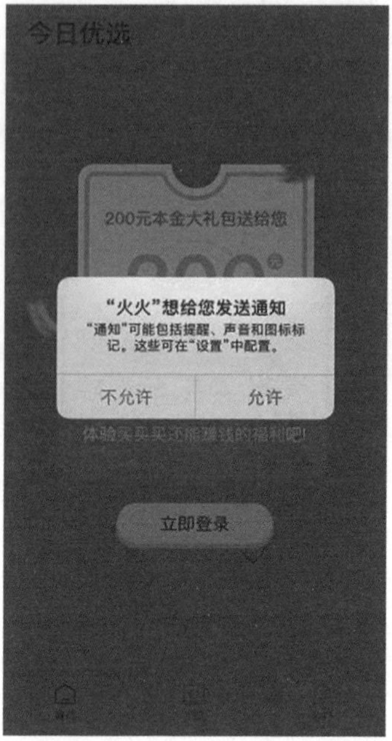

图 1-37　某电商导购类 App 发出邀请接受通知的界面截图

按完“开启通知”后，一个礼包弹出来，需要点击登录领取，就直接进入注册和获取用户信息的阶段了。

如果这一步没有获得用户开启通知的权限（也就是用户点击了不允许），那就在用户使用过程中，在看特价商品页的时候（导购 App 用户查看特价商品页的比例高）再次弹出提示。经过这一轮优化之后，推送开启率从 51% 提升到 56%。虽然这一步优化，开启率提升得不明显，但是要知道，错过了第一次 App 被打开时手机系统（iOS 或 Android）提示的推送开启权限，后面要重新开启就要从设置里面找到该 App 重新开启，操作就复杂了，所以提升就没那么明显了。但是还是会有提升，这也告诉我们，一般情况下，只要首次优化的方向正确，执行到位，转化率提升比较明显，后面再继续优化，转化率提升的效果就不那么明显了。所以，一定要重视首次优化。

提高了通知开启率，我们来看看如何提高用户的分享率。

1.5 用户转介绍：提高分享率的秘籍

获取客户有很多种方式，按照大类一般分为：直接获取和老客户介绍新客户。

当用广告投放、线下陌拜、BD[①] 合作等方式获取了新客户，并且达到一定量级之后，产品服务也让客户满意，老带新的效果就会显现。如果老客户的基数大，老带新的效果会更明显，并且通过老带新这种口碑宣传的方式，因为有信任基础，转化率会进一步提升。比如，有 300 个客户，其中有 10% 的客户愿意帮你去宣传，这 10% 的老客户带来新客户的效果不一样，有的能带来 1 个，有的能带来 5 个，还有的一个也带不来。如果按平均带来 3 个计算，那这 300 个

① BD（Business Development），意为商务拓展，是指根据公司的发展来制订跨行业的发展计划并予以执行，和上游及平行的合作伙伴建立畅通的合作渠道，和相关政府、协会等机构沟通以寻求支持并争取资源。——编者注

客户，通过老带新的方式带来的新客户量就是 300×10%×3=90。这种获取新用户方式的优势就是获取成本比其他渠道低不少，且客户的质量相对高。如果是互联网产品，有 500 万的用户量，按照上述两层的转化率来算，带来的新用户量就是 500 万 ×10%×3=150 万，这就极其可观了。

2016 年开始盛行的裂变营销和增长黑客也是老带新的一种方式。

App 的老带新流程：在某个页面刺激用户分享→用户分享到朋友圈或微信好友或微信群→其他人看到链接→查看邀请页被打动进而注册或购买，这个流程涉及三步转化率，但是链接被看到后，再到点击查看的点击率数据是无法统计的，除非微信官方开放了这一项数据，因此目前只能统计到的转化率涉及分享率和被分享页面的查看注册率。那么，如何提高分享率？

同样拿专注 App 推广 6 年的鸟哥笔记内部孵化的 App 来举例。用户购物后会提示可以抽奖。如图 1–38，抽奖的翻牌活动，有五张牌，第一张牌福利最好，这样就会引导用户想知道第二张牌里有什么福利，但是要翻第二张牌时需要邀请好友帮忙，这样就引导他去分享了，看到的好友是否进行下一步操作就看落地页做得好不好。经过这一步优化之后，分享率（分享人数 ÷ 激发分享页面 UV）从 27% 提升到 34%。

本节前面写到，只要把大步骤拆分成一个个小步骤，然后提高每个小步骤的转化率，整体的转化率就会出现数量级的提升。

这一章我们讲到超级转化率的模型以及如何使用它，并使用超

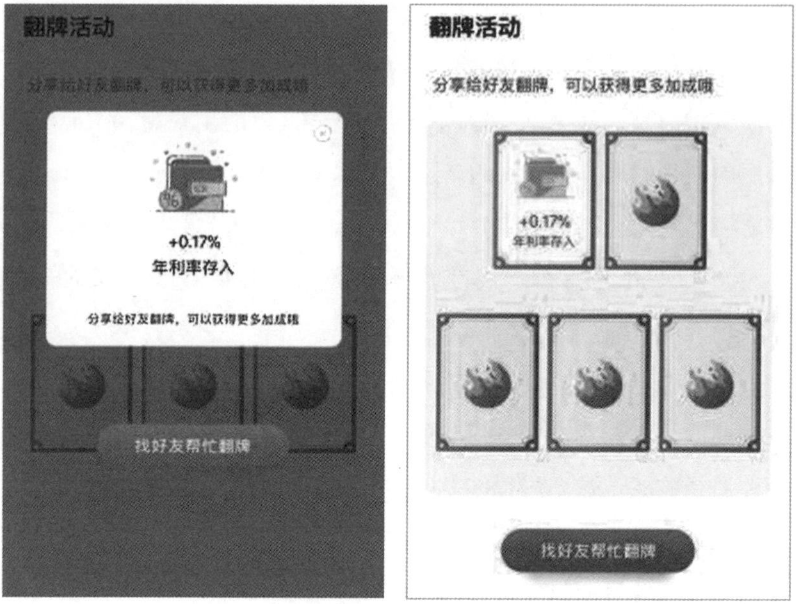

图 1-38　某电商导购类 App 下引导用户分享的界面截图

级转化率漏斗模型的方法去优化线下号码到成交的转化率、微信公众号简介优化提高关注率、优化注册流程提高注册完成率、优化 App 推送内容提高推送开启率，以及优化 App 内容设置提高分享率。

案例固然重要，方法论更重要，只有掌握了底层方法论，才能在不同场景中更好地运用，相信你已经开始着手优化自己公司的这些流程了，如果你不太会用超级转化率漏斗模型，欢迎在微信公众号陈勇营销专栏（ID：cy-yingxiao）中发送 1，加我的私人微信号进行交流。下一章中我将讲述本书最重要的部分，也是商业行为里面最难的部分——如何让客户快速下单。

2

超级转化率：让客户下单的陈勇转化六要素

为什么客户看到商品不购买？

怎么样才能让客户下单？

怎样提高销售转化率？

怎样提高 ROI ？

很多公司通过在行 App 问我这些问题，而这些也是所有营销从业者和创始人都关心的问题，下面我们从百度指数“ROI”的数据来看。

从 2011 年 1 月 1 日到 2019 年 2 月 12 日的“ROI”这个词的热度是逐年上升的趋势。如图 2–1。

图 2–1　百度指数显示“ROI”这个词的变化图

从2019年1月14日到2019年2月12日这30天的数据来看，“转化率”和“ROI”这两个词年前搜索指数开始下降，大年初一的量降到最低，然后一直上升。如图2–2。

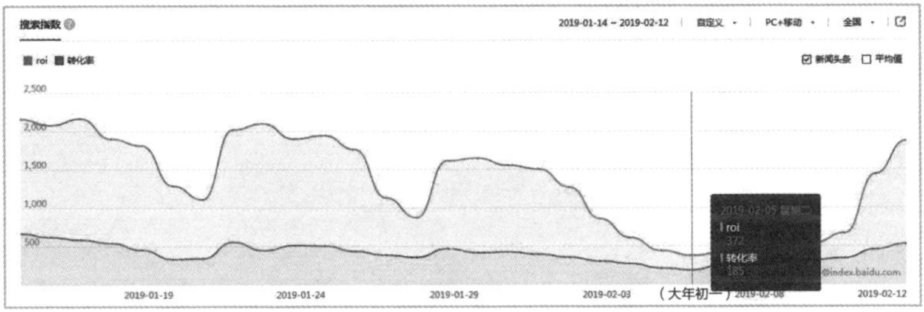

图2–2　百度指数显示“转化率”和“ROI”两个词的变化图

避开大型节假日来看，一到周末数据就到低谷，一到工作日就上升。如图2–3。

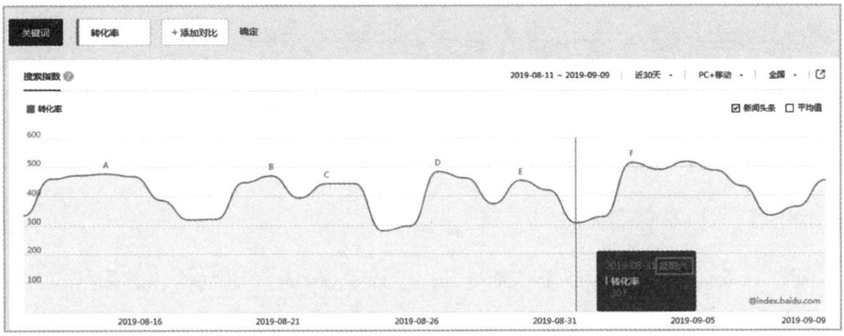

图2–3　百度指数显示“转化率”的变化图

说明转化率和ROI一直是困扰大家的问题。

从百度搜索“如何让客户下单”的结果来看，一共约有9630000个结果。

图 2-4　百度搜索“如何让客户下单”的结果截图

很多营销从业者一直在想怎么让客户下单、怎么提高转化率，但是为什么不想想客户是如何下单的呢？如果知道了消费者看到商品到最后下单经历了哪些过程，就会知道该怎么策划交易环节让客户下单了。

所以本章专门讲述超级转化率：让客户下单的陈勇转化六要素。

当我们知道了从客户看到商品到下单须经历的三大步骤，且知道了如何去控制这些步骤的时候，客户自然就会下单且出现高转化、高 ROI 的结果。

2.1 消费者从看到商品到下单的三大步骤

为什么客户对产品不感兴趣？

为什么客户老是说在考虑，但就是不下单？

全国数百万的营销从业者每天都在想着卖货，找产品卖点、修改文案、买流量，但是只有很少一部分人在思考一个消费者看到商品到下单会经历哪几步，在这些步骤中消费者在思考哪些问题。

我一年在几十场企业内训、十几次线上线下分享、做营销咨询项目以及给商学院授课的过程中，每次都会请现场的至少两位学员回顾一下自己的购物经历，并且让在场的学员认真听他们的购物经历。随着时间的累积，这几年我听过几百人的购物经历，发现绝大多数人的购物经历类似，我记录了三种典型的购物经历，大家看这些购物经历的时候一定要认真看消费者在干什么。

- 典型购物经历 1：女士网上买衣服的经历

因为朋友推荐或者闲来无事在淘宝上看看，对某件衣服产生了兴趣，于是开始看商品详情页，页面的介绍很详细，且模特穿上衣服在各种场景中都很好看；然后看尺码，确定了这件衣服符合自己的要求后，再去看看别的买家的评价，首先看带图的评价（之所以先看带图的评价，是因为衣服穿在模特身上都好看，要看看穿在一般人身上是什么样的），再看看差评和追评（主要是担心部分好评是恶意刷出来的。看差评是看看能差到什么程度，最坏的情况都能接受，也就不怕了。看追评是一般情况下追评都是真的，且是别的买家用了一段时间的评价，这样便于自己更好地做消费评估）；看完评价确定符合自己的需求后，问一下店家有没有优惠，什么时候能发货或其他关于商品的问题，最后才加入购物车。有时候会加入购物车很多商品，但是没有支付，或者有时会清空购物车。这就是为什么从淘宝后台生意参谋的数据显示，很多品类的整体支付转化率才百分之十几，也就是 100 个人打开淘宝，搜索产品，对比商家和产品，最后下单支付的才十几个人（这还是无论在淘宝里的 A 店买还是 B 店买都算的情况下）。

- 典型购物经历 2：女士逛商场买商品的经历

女生独自一人或和闺密 / 男朋友 / 老公一起逛街，然后在某件商品面前停下来端详了一会儿，拿起来看看，然后问问商场的导购员，如果是衣服还要试穿一下，在试穿满意的前提下问有没有优惠，遇到商场搞活动，优惠幅度比较大，很可能就买下来了。

- 典型购物经历 3：男士网上买电子产品的经历

因为看了测评网站，所以对某电子产品产生了兴趣，于是去京东上搜索该产品，看到有好几个卖家在卖，然后根据预览图、价格、是否是品牌旗舰店等因素来判断看哪家店的商品；点击进入商品详情页看介绍，最后再看一下评价，评价没问题后，如果有其他问题（例如相关产品参数、发货时间、优惠等）就咨询一下客服，最后加入购物车支付。

以上是三种典型的购物经历，再看看我自己的两次网购经历：

- 淘宝上买绿植的经历

因为我平常喜欢养些花花草草，又没时间去线下的花鸟市场或花店购买，加上淘宝上的绿植品类更齐全，于是选择去淘宝上看看。

首先我在淘宝顶部的搜索框输入花草名，看到很多卖家都在卖。因为花草都比较便宜，于是直接按照销量排序，选择销量最高的那家，一看店铺评分也很高，就直接购买了。

- 京东上买家用投影仪的经历

因为经常对着电脑打字，时间长了眼睛会不舒服，于是我产生了购买家用投影仪的想法。由于我也不知道哪个品牌好，然后就发朋友圈请大家推荐一款。后来我发现很多热心的朋友都推荐极米投影仪，于是打开京东 App，搜极米投影仪。因为是电子产品，确定品牌后担心买到假货，我就进入京东极米官方旗舰店，在官方旗舰店里对比了几款投影仪，找到了一款性能和参数符合自己需求的投影仪。我看了评价，都还不错，记住该款投影仪型号，返回首页，在京东顶部的搜索框里搜索：极米投影仪 + 型号，然后选择京东自营店的那款，直接下单。因为自营店送货快，今天下单，明天就到货了。

看了这五个包含线上、线下的购物经历，你是否发现人们购物的过程分为这几个阶段：因为内在原因或外在原因产生了对某产品的需求→选择线上买还是线下买→对比商品→选定商品（网购会看看评价）→砍价（要优惠）→成交。

图 2-5

从大步骤来说是：激发兴趣—建立信任—打消疑虑—下单购买四个环节，但是打消疑虑本质上还是建立信任的过程，因此我将客户看到商品到最后购买的过程分为：**激发兴趣—建立信任—立刻下单**三大步骤，那问题来了：

什么能激发兴趣？

什么能建立信任？

什么能促使客户立刻下单？

回顾一下自己买东西的时候，为什么在这家买，不在那家买，也就是你在这家买的理由是什么？

几个或几十个人的理由存在很大的差别，但是从 2014 年 9 月到 2018 年 12 月，长达四年的时间里，我问过上万人，你买东西的时候为什么在这家买不在那家买，在这家买的理由是什么。在不给出备选项的前提下，每个人说出自己在这家买东西的理由，答案五花八门，但是记录下来之后，发现这些理由无外乎以下几种，如图 2–6。

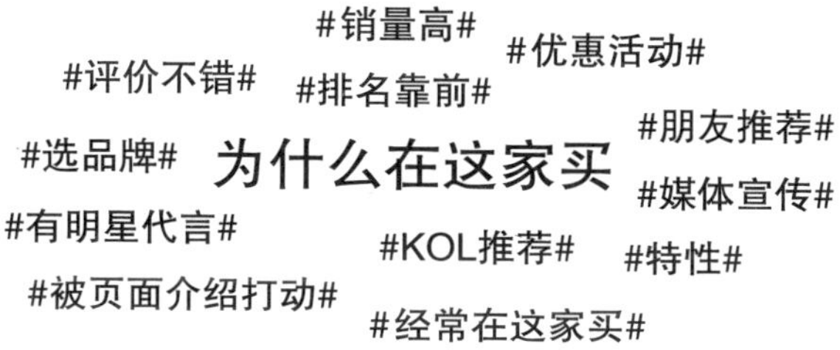

图 2–6

作为理工男，我看到一堆数据和选项杂乱无章地出现在眼前，下意识地想着统计排序及合并同类项。每次不同的调研群体中，单个得票最多的项不一样。在消费能力强的人群里做调研，“品牌”与“特性”这两项得票很高；在消费能力比较弱的人群里做调研，“优惠”这一项得票很高；在女性群体里做调研，“朋友推荐”与“KOL（意见领袖）推荐”这两项得票高。虽然这么一看好像得不出什么结论，但是当你把这些选项合并一下再统计出来，结果就不一样了。

其中，“销量高”“选品牌”“经常在这家买”“朋友推荐”“排名靠前”“有明星代言”“媒体宣传”“KOL 推荐”这八项可以合并到一起，这八项背后都是同一个因素——有点信任对方。虽然信任的程度不一样，但是这八项合起来的大项“信任”的得票是最高的。最后再问调研对象，没有最基本的信任，你会购买吗？结果绝大多数人都表示不会购买，也就是说从看到商品到最终购买的整个过程中，最重要的环节是取得消费者的信任，并且在调研的过程中我发现：价格越高，参与购买决策的人越多（比如，留学中介服务、买房、买大家电、选广告代理商、选营销策划服务商等），越需要信任。

而以上的各种购买理由将之归类后，你会发现它们在客户从看到商品到最终成交中所起的作用是不一样的。我在 49 个行业的头部公司的项目实操中总结得出，其实这三大步骤就是由六个要素控制的，我将这六个要素叫作陈勇转化六要素。陈勇转化六要素分别是：互惠、承诺与兑现、信任状、畅销好评、痛点刺激、稀缺。其中，“互惠”是为了产生兴趣；“承诺与兑现”是为了产生轻度信任；“信任状”是为了信任转嫁；“畅销好评”是从众的心理，为了持续积累信任；“刺激痛点”最终目的是远离痛苦；“稀缺”是为了立刻成交。

其中，“互惠”属于下单三步中的第一步：激发兴趣；“承诺与兑现”“信任状”“畅销好评”属于下单三步中的第二步：建立信任；“痛点刺激”“稀缺”属于下单三步中的第三步：立刻下单。如图 2–7。

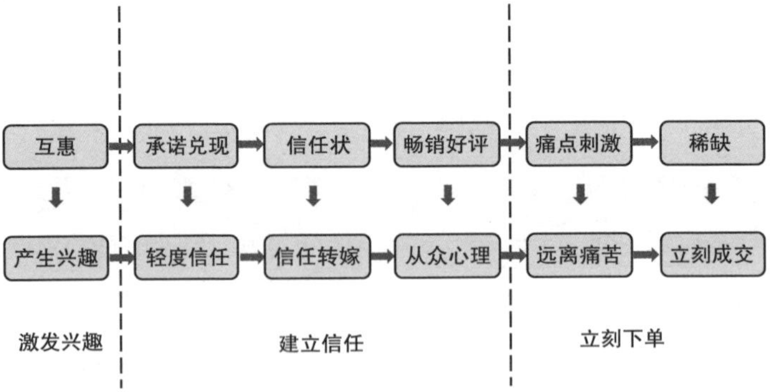

图 2–7

我在2011—2015年跨越五个不同行业的工作中摸索出这套模型，并在2016年做独立营销顾问之前总结了这套模型，在随后不同行业的营销咨询工作中不断地拿数据去验证并完善这个模型，借写书的过程，对其不断打磨，最终得出适合不同行业运用的这套转化模型。

注意

在此特别感谢著名社会心理学家罗伯特·B.西奥迪尼老师，让客户下单的陈勇转化六要素就是受到罗伯特·B.西奥迪尼所著的《影响力》一书的启发。经过多个项目实践，我发现，由于东西方的商业环境以及消费者和商家之间的关系差异，罗伯特·B.西奥迪尼老师的影响力六要素不是特别适配当下中国的商业环境，而我在其理论基础上，经过十几个行业、上千次投放总结和完善，优化并推出让客户下单的陈勇转化六要素。陈勇转化六要素与影响力六要素在逻辑顺序、使用方法、作用上都有所不同。大家往后面看就知道了。

2.2 互惠：激发客户兴趣及下单的首尾呼应术

众所周知，占便宜是人类的天性，客户从本质上并不关心你是谁，更关心的是你对他有什么好处。你的产品介绍页上有让客户占便宜吗？你的产品营销上会让客户有占到便宜的感觉吗？很多人都听说过精油头部品牌：阿芙。阿芙不仅产品做得好，在人文关怀和让客户占便宜等维度也做得很好，去阿芙天猫旗舰店看用户评价，会发现大量这类评价。如图 2–8。

阿芙在让客户占便宜这个角度做得很好，客户下单后都会收到一大堆赠品，其实这些赠品是小样，客户试过不同的小样后，知道自己更喜欢哪个，今后就长期买，加上送了很多小样，客户的好评就会增加，进一步促进正在看评价的潜在客户下单。

但是也有另外一些常见的情况：吃饭买单的时候，饭店会送你优惠券，但是为什么大多数情况下你会扔掉优惠券？

图 2-8　天猫阿芙官方旗舰店某产品客户评价界面截图

很多京东、淘宝店在店铺首页或产品页面上都会标明先领券后下单，但为什么大多数情况是你领了券但是不下单？

既然占便宜是人的天性，你领了优惠券了，为什么不去使用优惠券呢？不是要占便宜吗？

我调研了上百个不同行业和职位的人，回答不使用优惠券的原因很多：

优惠券活动的规则过于复杂；

优惠的力度不够，比如满 500 元减 10 元；

心里没觉得占到了便宜；

产品不是特别想要，优不优惠无所谓；

……

还有一个有趣的现象是：有的人费了好大精力，好不容易抢到了小米的F码（F码本身不是常规意义上的优惠券，只是凭F码，有购买到小米手机的权利），很多人如果抢到后不去使用F码，也会去淘宝、微博或朋友圈里卖掉，为什么会这样呢？

真正的原因只有一个：**容易得到导致不珍惜，不容易得到所以珍惜。**

既然不容易得到，客户才会珍惜，才更有可能使用优惠券。那我们要做的就是提高优惠券的获取难度，让客户不那么容易得到。很多市场人员觉得我“疯”了，平常想发优惠券都不一定能发出去，你倒好，让优惠券的获取难度增加了。说到这里，你应该知道一个词叫“虚假繁荣”，客户领了优惠券但是不用，领再多也白搭，只要让领了优惠券的用户想用就可以了。

互惠的定义和作用

互惠顾名思义就是相互给对方好处，你给客户好处（如优惠价、赠品等），最后客户使用了你给他的好处直接给你带来了好处（如使用优惠券买了商品，直接帮你增加了业绩等），这叫互惠，相互给对方好处，礼尚往来。中国有句古话，叫“来而不往非礼也”，互惠会让双方的关系更紧密。

互惠的主要作用是让消费者与商家产生联系，在下单三步中第一步激发兴趣中产生作用。互惠的次要作用产生在下单的第三个阶段，当客户要立刻下单时，使用了优惠券，也就是给你提供了好处，这就是为什么本节标题叫“互惠：激发客户兴趣及下单的首尾呼应

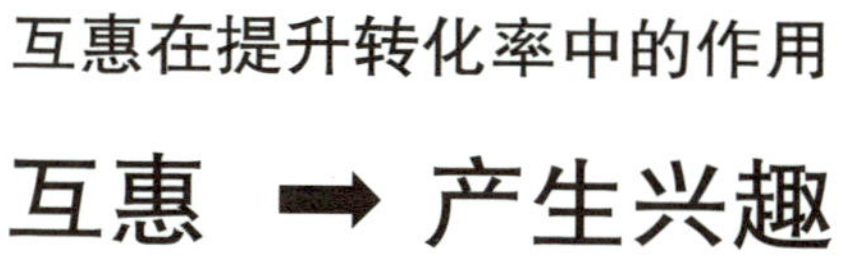

图 2-9

术”。其实互惠也可以理解为双赢，你为客户获得优惠（好处），客户帮你增加了业绩（好处），相互直接提供好处，消费者和商家在有来有往的过程中，关系更加紧密。

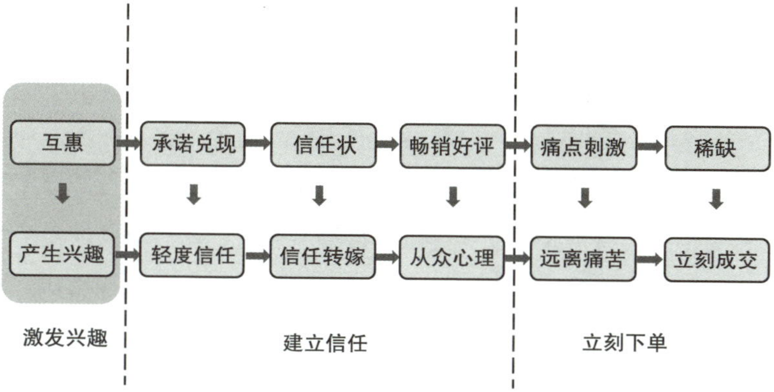

图 2-10

互惠的使用方法

首先要增加优惠券的获取难度；

其次是“牺牲”自己帮助客户获取优惠券；

最后暗示客户使用优惠券就是帮助自己。

实现方法

增加优惠券获取难度
+
"牺牲"自己帮助用户获取优惠券
+
暗示对方使用优惠券就是帮助自己

图 2-11

互惠的精彩案例：线下商场买衣服

工作日忙，周末好不容易休息会儿，去大型商场逛街，两家店离你的距离一样，并且从外观上差不多，只是 A 店门口什么都没有，B 店门口摆了个提示牌，写着"一周年"三个字，绝大部分人都会走向 B 店，因为我们的大脑已经被训练出来了，潜意识里一周年意味着周年庆会有折扣活动。走进去慢慢看衣服，然后对某款裙子感兴趣，并驻足看了一会儿，导购人员看到后，快速走到你旁边，说这件裙子符合你的气质，和你很搭，然后问要不要试穿一下。你想"来都来了，正好有款自己看得上的，那就试一下"，于是说了尺码，导购说："这个正好是个断码（只有一件的意思），您先试一下。"然后你拿裙子去试穿，试穿完，在穿衣镜前看看整体的效果。导购人员说："果然这件裙子特别衬您的气质，今天周年庆，有优惠活动，满 599 元减 100 元，正好也是断码，只有这一件。"导购员说到这儿，你可能买了，也可能不买，但是如果导购员使用了互惠的技巧，就不一样了。

使用互惠技巧后的场景

试穿好，在穿衣镜前看看整体效果，导购人员说："果然这件裙子特别衬您的气质，可惜您今天来晚了，优惠名额用完了，目前没优惠了。"**（提高优惠券获取难度。）**

本来一开始还没有很想买这件裙子，但是当导购人员说自己来晚了，没有优惠的时候，感觉自己的权利被剥夺了，反而激发了你的斗志。你问："怎么会没有优惠呢？"导购说："这件裙子特别衬您的气质，而且是断码，就这一件，也是缘分。这样，我去找店长申请一下，争取帮您申请个优惠**（'牺牲'自己帮助用户获取）**，不一定能帮您申请下来，但是一旦帮您申请下来了，一定要现场使用，要不然我要被店长骂了**（暗示使用这个优惠券就是帮助自己）**。"导购员说完还没等你回话，就走向店长那里，于是一个唱白脸一个唱红脸的对话就产生了。

> 导购："店长店长。"
>
> 店长："怎么了？"
>
> 导购："您看那位女士穿的那件裙子多好看，特别衬她的气质。"
>
> 店长看了看你，然后说："确实很搭！"
>
> 导购："店长，你看今天搞店庆，但是优惠名额用完了，咱能不能从系统里再生成一个优惠名额给这位女士？"
>
> 店长："要是被总部发现了，我俩都要被通报批评的。"
>
> 导购："我也知道不太好办，但是这件衣服特别符合这位女士的气质，又是断码，挺有缘的，所以来申请一下，您就通融一下，在系统里再生成一个优惠名额吧。"
>
> 店长："原来是这样，那你让那位女士确定一下是否一定要买，确定要买的话，我再挪用一个明天的名额，并且这事只能你知我知。"

随后，导购望向了你，店长和导购的说话声有点大，你都听到了。这个时候，你是点头还是摇头呢（点头就是确认自己会买）？实际上本来你对这件裙子也没有特别的好感，但是经过店员和店长反复地说挺符合你的气质，然后又突然说这个优惠券没有了，她要帮你去申请，结果店员费了半天劲才让店长答应了，这时候大概率你是会购买的。

线下门店里，业绩好的导购会使用这个方法。有人会说，我是开淘宝网店的，怎么使用这个方法。其实本质上是一样的，有客户通过在线咨询工具（比如淘宝的旺旺）问："亲，有没有优惠？"你不要一开始就说有，而是反过来问："亲，您看中了哪个宝贝？"

客户："这件，××××××（**商品链接**）。"

淘宝客服："亲，眼光真好，这件商品很火，快卖完了，下一批要等 10 天后才有货，可惜您今天来晚了，没有优惠了。"（**提高优惠获取难度**）

客户："优惠一下嘛，用着好，我推荐朋友来买。"

淘宝客服："这样，我找店长申请一下优惠，但是亲要答应我，要是优惠申请下来了，一会儿就要使用啊，不然我要挨训的。"（**"牺牲"自己帮助客户获取优惠，并暗示客户使用优惠券就是帮自己。**）

然后还没等客户回复，你就离开了。过了一会儿你说："亲，优惠券申请下来了。"然后给客户发一个优惠券的领取链接。

互惠的延伸

实际上互惠在让客户下单中的作用就是激发客户兴趣，与客户产生联系。很多商家并没有用好这一点。比如，京东 PC 端以前优惠券就放在页面右侧，由用户随意拿，后来增加了难度，用户需要输入一个4位数字验证码才能拿到优惠券。那怎么做才能效果更好?其实，只要把验证码下方的“确认”按钮改为“我确认使用此券”，这个优惠券的使用概率就会提高。

我们常常感慨学了很多道理，但依然过不好这一生。其实主要的原因，是那些道理是其他人通过实践总结的，而你只是听说，也就是表面上好像懂了，但并未认真践行。**学习最好的方法就是不断实践，实践出真知。**因此，我在陈勇转化六要素的每个要素后面都会留个练习，帮助你去掌握本节的内容。

互惠的练习

写下自己公司的互惠	
互惠的定义	商家和消费者相互给对方好处。
互惠的作用	使商家与消费者产生联系（产生兴趣）。
所处阶段	下单三步中的第一步：激发兴趣。
互惠的用法	提高优惠获取难度 +“牺牲”自己帮助对方获取优惠 + 暗示对方使用优惠就是帮助自己。
自己公司的互惠	
	扫码关注公众号 回复1，加本书作者陈老师私人微信号，交流营销、转化率有关的内容。 回复2，获得提高转化率PPT。

2.3 承诺与兑现：让客户产生轻度信任的技巧

本章第一节讲了客户看到商品到下单的三大步骤：激发兴趣—建立信任—立刻下单。第二节讲了互惠是为了产生联系，也就是在下单三大步骤中的激发兴趣阶段发挥作用，而三大步骤中，建立信任是极其重要的环节。建立信任是循序渐进的过程，一共分为三个阶段：初级信任→中级信任→高级信任，本节重点讲信任的初级阶段，也就是陈勇转化六要素的第二个要素：承诺与兑现。

我们经常看到“假一赔十”“假一赔百”之类的广告语，这类广告也就是商家做出承诺。“假一赔十”“假一赔百”是期望消费者能相信，但是你作为消费者，相信商家这一类的承诺吗？可能你的心里有答案了。

你是否相信商家的“假一赔十”“假一赔百”之类的承诺？（　　）

A. 相信　　　　B. 不相信

你大概率是不相信这种承诺的，除非你相信这个平台，否则无法相信这个平台的承诺。这也就是为什么不少人买电子产品会优先去京东上购买，因为他们相信京东不会卖假货。这种信任怎么来的？这归功于京东早期的宣传，加上自己经常去京东上购买，发现都是正品，就更加信任这个平台了。

那如果你对这个卖家或平台没有什么感觉，怎么相信它说的是真的呢？

答案就是对方兑现了他的承诺，你就开始相信他了，也就是承诺和兑现。

承诺与兑现的定义和作用

这里的承诺和兑现主要用在要让消费者相信商家的承诺上。承诺是指商家给出的一种保证。比如，我们常见的"包邮""正品保证""7天包退""真 4K 电视""精致搭配""快至 56 秒到账"等。兑现是指实践证明他们兑现了这种承诺。

承诺和兑现在提升转化率中的作用

承诺和兑现 → 轻度信任

图 2-12

承诺和兑现的主要作用是让消费者对商家有了轻度的信任，在下单三步中的第二步建立信任的第一个阶段，初级信任阶段中产生作用，这就是为什么本节标题叫“承诺与兑现：让客户产生轻度信任的技巧”。

当商家不断地承诺，并且不断地兑现了承诺，消费者就对该商家更加信任。

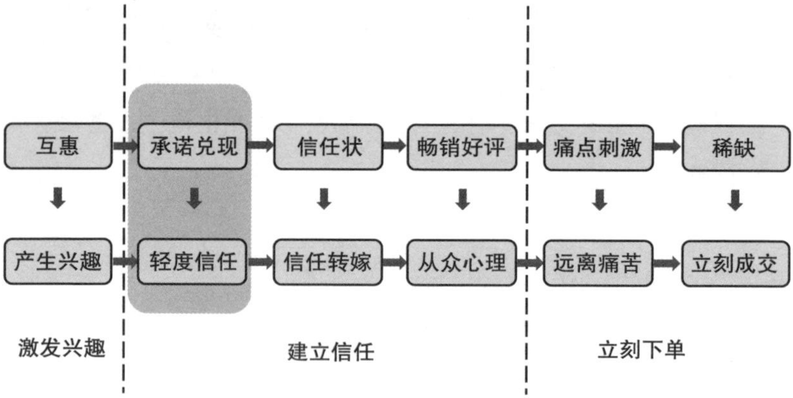

图 2–13

在网购中，商家做出了承诺，如“正品保证”，但是消费者还没收到货，也还没体验产品和服务，是很难相信商家能兑现这种承诺的。

那么该如何做呢？看看下面的实验就知道了。

- 一场关于信任度的实验

为了探究什么样的广告更能取得消费者的信任，了解消费者的真实反应，2015 年 5 月—2019 年 7 月期间我在北京卫视、长江商学院、正和岛、百度、抖音、满婷、36 氪、鸟哥笔记、ASO100、独角兽创业营、谷仓创业学院、馒头商学院、混沌大学北京分社、经纬创投、梅花创投、创新工场、青山资本、海尔、中国人寿、南孚电池、创维电视、神州专车、奥美、友盟 +、吴晓波频道、樊登读书会、新媒体广交会、新经销、时代华商、剽悍一只猫等几十家机构举办的，累计超过 20000 人参加的 200 多场大课、训练营、企业内训和分享中都做了一个关于“信任程度”的实验。

实验的一个环节显示，大家对这种“假一赔十”甚至“假一赔百”的承诺基本都不相信了。

既然消费者都不相信这种广告了，但是为什么现在还有不少商家和一些平台型 App 在页面宣传的时候还用“假一赔十”之类的词。自己都不相信的东西为什么要期望别人相信呢？

关于信任度的实验：我特意选了一个大众都知道的产品类别，也是这几年经久不衰的话题：减肥。

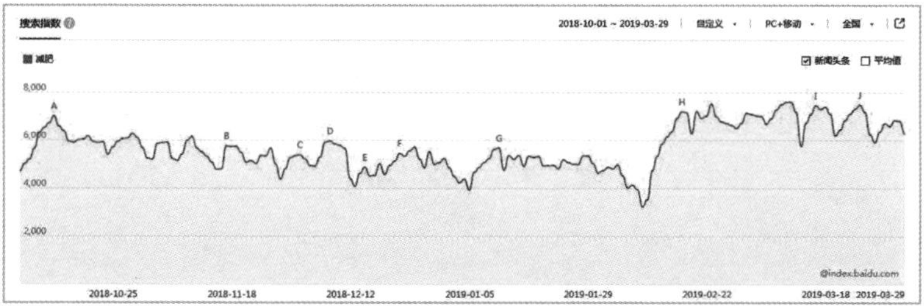

图 2–14　2018 年 10 月 1 日—2019 年 3 月 29 日百度指数显示“减肥”的波动截图

如图 2–14 所示，百度指数显示“减肥”这个关键词的指数半年时间在 3232—7484 范围内波动。

假定几个专家联合研发出一款特别有效的减肥产品，只要按时按量服用，就能在 90 天内让很多 160 斤左右的肥胖人士成功减重 30 斤，变成相对身材匀称的人。该减肥产品经过大量测试，确定有效，并且通过了中国食品药品监督局和美国食品药品监督局的双重认证，没有安全问题。

那么问题来了，怎么做广告能让人相信这个减肥产品是真的有效？如果你作为这个减肥产品的市场营销人员该怎么做？

我给出了四种广告形式（图 2–15），在分享中让大家通过举手表决的形式来表达自己是否相信此广告。

图 2–15　四种广告形式

广告 1：静态对比图。就是减肥前和服用减肥产品 90 天后，体重从 160 斤减到 130 斤的静态前后对比图，并且从静态的前后对比图中可以看出这个人瘦下来了。

请问广告 1 这种形式让你相信该产品吗？（　　）

A. 相信　　　　B. 不相信

广告 2：GIF 动图。将减肥前、服用减肥产品 10 天、20 天、30 天、40 天、50 天、60 天、70 天、80 天、90 天后的 10 个时间里，体重分别为 160 斤、159 斤、156 斤、152 斤、149 斤、144 斤、141 斤、137 斤、134 斤、130 斤时的 10 张图以 GIF 动图的形式展现出来，并且从 GIF 动图中可以看出这个人慢慢瘦下来了。

请问广告 2 这种形式让你相信该产品吗？（　　）

A. 相信　　　　B. 不相信

广告 3：过程视频。将减肥前、服用减肥产品 10 天、20 天、30 天、40 天、50 天、60 天、70 天、80 天、90 天后的 10 个时间里，减肥者站在体重秤上显示出的数据，分别为 160 斤、159 斤、156 斤、152 斤、149 斤、144 斤、141 斤、137 斤、134 斤、130 斤的场景剪辑成视频，并且从视频中可以看出这个人瘦下来了。

请问广告 3 这种形式让你相信该产品吗？（　　）

A. 相信　　　　B. 不相信

广告 4：措施 + 过程视频。用一个视频的形式记录了以下内容：这位 160 斤的肥胖人士先去当地一家三甲医院挂了一个专家号，抽血化验，专家看完检查单之后，两个人的对话如下：

专家："你这体脂太高，长期肥胖会导致各种问题，你需要减肥。"
肥胖患者："医生，您说怎么减？"
专家："减肥这个事，就是管住嘴，迈开腿，饮食方面不要大吃大喝，少吃糖，并且增加适量的运动，比如跑跑步。"
肥胖患者："我控制力没那么强，并且跑步锻炼对我来说太痛苦了。"
专家："那就饮食方面稍微控制一下，不要暴饮暴食就好，锻炼的话，跑步对你来说有点痛苦，每天走 2000 步就好了，然后配合吃这种减肥药，就能把体重减下来了。"

专家随后给这位肥胖人士开了单子，他拿着单子取完药，开始减肥前称了一下，显示 160 斤，然后每天稍微管住嘴，正常饮食（是正常饮食的那种，不是吃得特别少的那种），没有暴饮暴食，每天走 2000 步左右并服用专家医生开的减肥药。这样持续了 90 天，每隔 10 天上秤称一下体重，体重分别为 160 斤、159 斤、156 斤、152 斤、149 斤、144 斤、141 斤、137 斤、134 斤、130 斤，并且从视频中可以看出这个人瘦下来了。

请问广告 4 这种形式让你相信该产品吗？（　　）

A. 相信　　　　B. 不相信

请将这四种广告按照自己的信任度来排序：

广告（　　）< 广告（　　）< 广告（　　）< 广告（　　）

当你填完这一题后，请看下页，关于前面提到的实验，超过 20000 人参与，得到的结果会是什么样的。

实验结果（相信对应广告效果的举手）：

广告 1：静态对比图，只有极少的人举手；

广告 2：GIF 动图，举手的人多一些了，但整体还是少；

广告 3：过程视频，接近一半的人举手；

广告 4：措施 + 过程视频，超过 80% 的人举手。

也就是按照信任程度将这 4 种广告排序的话，超过 20000 人参与的结果是：静态对比图的信任度 < GIF 动图的信任度 < 过程视频的信任度 < 措施 + 过程视频的信任度。

针对这些结果，我又提出几个问题，对话如下：

问题 1：“为什么 GIF 动图比静态的前后对比图更可信呢？”
答：“有过程。”
问题 2：“都是有过程的啊，为什么广告 3 比广告 2 更可信？”
答：“GIF 形式，过程更丰富，然后广告 3 是视频形式，过程比 GIF 还要丰富，所以广告 3 的信任度比广告 2 更高。”
问题 3：“都是视频形式，为什么广告 4 比广告 3 更值得信任？”
答：因为有三甲医院，并且是专家，还有管住嘴、迈开腿 + 吃减肥药的过程，减肥就应该这样啊，所以广告 4 更可信了。
问题 4：“那如果有出现广告 5，也是三甲医院、专家，但是专家说不用控制饮食，随便吃，也不用锻炼，吃这个减肥产品就好，最后视频显示，这个人也瘦下来了，你信吗？”
答：“没有广告 4 可信。”
问题 5：“为什么？”
答：“因为大部分人都认为减肥就应该管住嘴、迈开腿加吃药，广告 5 不太符合常理，不用管住嘴，还随便吃，就算视频显示他瘦下来了也没那么可信了。”

从上面的实验中，我们可以得出承诺和兑现的使用方法。

承诺和兑现的使用方法

上文做出承诺

实现方法

下文做出常理上认可的实现承诺的保障措施

+

成功案例

图 2–16

上文做出承诺，下文做出常理上认可的实现这种承诺的保障措施 + 成功案例。需要注意的是，成功案例要放到后面，如果放在前面，消费者就可能怀疑成功案例是假的。但是把常理上认可的实现承诺的保障措施放在前面，就像前面信任度实验中的关于减肥产品的管住嘴、迈开腿，因为常理上我们觉得减肥就应该控制饮食，然后多运动，体重就能减下来，这样就更容易相信成功案例是真的了。

承诺与兑现的精彩案例：创维电视的电商详情页解析

2019 年年初，我接受创维电视全球电商部总经理的邀请，成为创维电视的外聘营销专家，给专注电视领域 31 年的创维电视做营销咨询，提高创维电视电商的支付转化率。

大家想想，如果自己家里要买台智能电视，会关心哪些问题？

请将自己关心的问题写在下方（可以不写满，但最多写8个关心的问题）：

①____________________②____________________

③____________________④____________________

⑤____________________⑥____________________

⑦____________________⑧____________________

没错，买智能电视大家关心的点很多，例如品牌、屏幕尺寸、整体颜值（外观）、清晰度、多少钱、老人使用是否便捷、内容是否丰富、每月的会员费多少、是否保护家人眼睛、播放是否流畅、是否有上门安装的服务、售后服务行不行、内存是否大到能装下很多应用等。一台智能电视几千元到上万元不等，和一台手机的价格差不多，但为什么买智能电视的时候比买手机更难选择？原因有多种，最重要的原因是电视为耐耗品，一般要用五六年甚至十几年，且要考虑一家人（老人、孩子等）的实际使用需求。我拿其中一个客户需求来举例说明陈勇转化六要素中的承诺和兑现的用法。

由于一般情况下买智能电视的决策人是家里面的顶梁柱，这个时候一定要加强顶梁柱的责任感，而创维的这款智能电视有个专利技术是其他同行电视所不具备的，就是光学防蓝光。这种专利技术能实现在保护全家人眼睛的情况下画面还不偏色，而其他电视如果要实现护眼功能就会导致画面偏色（画面偏白灰色）。

消费者的问题：是否保护家人眼睛，特别是小孩的眼睛？

还记得前面说的承诺与兑现的方法吗？

前文做出承诺，后文做出常理上认可的实现承诺的保障措施 + 成功案例。

所以我在策划创维某款护眼电视的营销页时，第一屏就出现了"护眼""保护家人眼睛"**（前文做出承诺）**这两个关键词（图 2–17）。

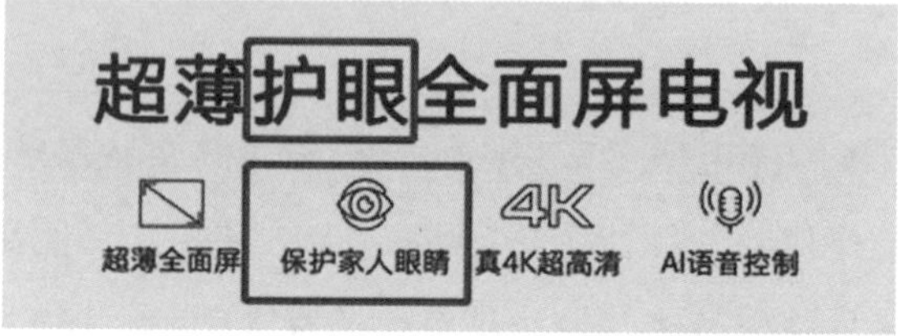

图 2–17　创维某款电视京东详情页头图板块截图

常理上我们认为实现保护眼睛的保障措施是什么呢？就是有特殊的技术等，于是营销页上有了下面这张图（图 2–18）。

图 2–18　创维某款电视京东详情页中关于保护眼睛的板块截图

营销页的后面口碑见证板块里面也提到了保护眼睛（图 2-19）。

图 2-19 创维某款电视京东详情页客户口碑见证板块截图

再比如，现在开始流行的全面屏电视，创维作为知名品牌，将这款智能电视的全面屏做得更好，因此在做创维电视的营销页时，第一屏就出现了“全面屏”（图 2-20）。**（前文做出承诺）**

图 2-20 创维某款电视京东详情页头图板块截图

常理上我们认为实现全面屏的保障措施是什么呢？主要是技术得过硬，于是营销页中有了下面的图 2-21。

营销页的后面口碑见证板块里面也提到了无边超薄这个卖点（图

2-22）。这次营销咨询（包含培训、详情页文案辅导和设计辅导）最后帮助创维电视将支付转化率提升 189.64% 。

图 2-21　创维某款电视京东详情页中关于全面屏的板块截图

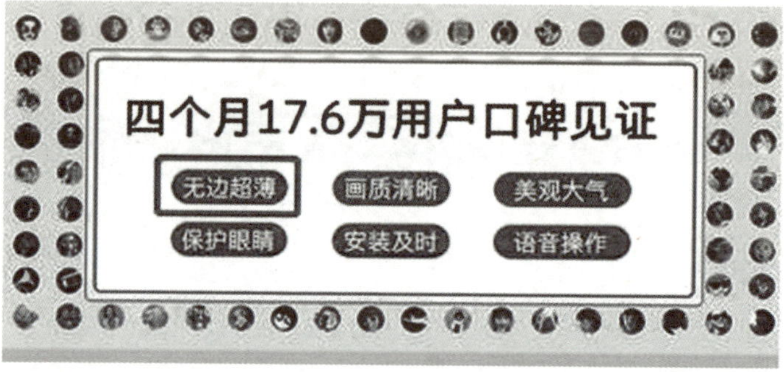

图 2-22　创维某款电视京东详情页客户口碑见证板块截图

承诺与兑现的延伸

承诺与兑现不仅仅用在商业上，还可以用在人与人信任关系的建立上，我们经常在朋友圈会看到有些朋友的微信头像换成了“不减 10 斤不换头像”之类的图，或者承诺 100 天锻炼计划**（这相当于对大家做出了承诺）**。接下来的时间，如果经常看到对方朋友圈发运动记录的图片**（常理上认可的实现承诺的保障措施）**，时间长了，你就会觉得这个朋友可以信赖。如果对方没有锻炼，并且经常晒美食照片，你就有可能觉得这个人说到做不到，缺乏毅力，他的信用度就会在你心中降低。

承诺与兑现还可以用在激励自己完成某件事上。比如，我有个朋友，发现自己不知不觉，竟然比春节前胖了 10 斤，于是想减肥，但是他知道自己的毅力不够，问我有什么好办法。我给他出了个“馊主意”，让他发朋友圈，说自己在接下来的 60 天内，控制饮食 + 每天锻炼，减重 10 斤，60 天后在这条朋友圈下向大家汇报自己的减肥成果，如果自己没实现这个承诺，给这条朋友圈点赞的朋友每人发 100 元的微信红包。结果半小时不到，这条朋友圈有 260 多个赞。于是他真的管住嘴、迈开腿，开始减肥了。我后来问他怎么坚持下来的，他说半小时不到 260 个人点赞让他很紧张，不是因为没有实现的话，要损失 26000 元，而是这 260 个朋友可能今后不再相信他了。信任的建立比较难，但是要毁掉信任是很容易的事，所以在那条朋友圈的压力下，他得坚持下去，坚持不下去的时候，就翻出那条朋友圈看看，便又能继续坚持了，最后成功实现了 60 天减肥 10 斤的目标。

你看承诺与兑现还有这种“威力”。

前面说过，承诺与兑现的作用是让别人产生轻度的信任，轻度信任是不够的，信任度不够怎么办？那就需要用到陈勇转化六要素的第三个要素：信任状。信任度不够，信任状来凑，下一节我将来展现信任状的神奇作用。

承诺与兑现的练习

写下自己公司的承诺与兑现	
承诺与兑现的定义	指商家做出的一种承诺，然后兑现了这种承诺。
承诺与兑现的作用	让客户产生轻度信任。
所处阶段	下单三步中的第二步：建立信任第一阶段。
承诺与兑现的用法	上文做出承诺，下文做出常理上认可的实现承诺的保障措施 + 成功案例。
自己公司的承诺与兑现	
	扫码关注公众号 回复 1，加本书作者陈老师私人微信号，交流营销、转化率有关的内容。 回复 2，获得提高转化率 PPT。

2.4 信任状：信任转嫁的秘密

平常怎样能说一句话就让人觉得可以相信我？

在商业上怎么用一句广告语就让消费者觉得商家可以被信任？

我来分享一个生活中的小插曲，大家看完就知道了。

2019 年春节期间，一天早上我母亲突然说牙齿旁边长了一个包，我就请我爱人上午陪妈妈去香港大学深圳医院口腔科看一下医生。结果妈妈早上去公园遛弯锻炼回来的时候带了一盒药，我问妈妈药哪里来的，她说早上锻炼的时候在附近的药店买的。我就不放心，对她说不是正规三甲医院医生开的药吃着不放心。妈妈说没事，她买药的时候特意看了一下，那个药店很大，并且收银台的后方还挂着一些证件（应该是营业许可证之类的），她觉得没问题。也就是说，机构大 + 一些证件让她觉得药店是可以被信任的。

“机构大”和“证件”就是陈勇转化六要素中的第三个要素——信任状的组成部分。

信任状的定义和作用

这里的信任状是指自带信任的事物，信任状的作用是信任的转嫁，也就是把你对信任状的信任转嫁到商品或服务上。这就是为什么很多商家要花费几百万元、上千万元的费用请明星来做代言。明星是公众人物，因为大家信任明星，而明星通过为品牌代言的形式，把粉丝对明星的信任转嫁到所代言的产品或服务上。中国有个成语“爱屋及乌”就是类似的意思。

信任状在提升转化率中的作用

信任状 → 信任转嫁

图 2-23

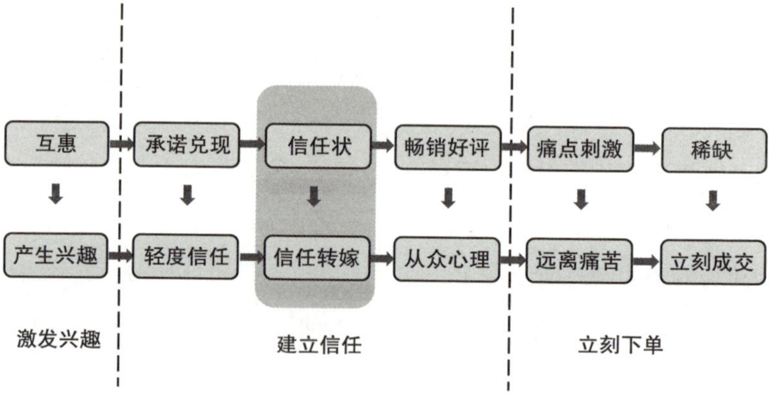

图 2-24

信任状的主要作用是让信任转嫁，在下单三步中的第二步建立信任的第二个阶段——中级信任阶段中产生作用，这就是为什么本节标题叫“信任状：信任转嫁的秘密”。

当商家使用了很多信任状，这些信任状转嫁的信任累积也就会越多，消费者就更相信这个商家。

信任状的使用方法

在描述公司产品或服务的过程中，要不断呈现信任状。信任状的表现形式很多，本书只是列举一些常见的信任状（图 2–25）。

图 2–25

- 有行业专家或专业机构参与

有行业知名专家或专业机构参与产品或服务的研发工作，由于人们信任专家或专业机构，所以把对专家或专业机构的信任转嫁到产品和服务上就更容易赢得人们的信任。比如，聂卫平围棋道场是由棋圣聂卫平创办的，“棋圣”这个称号是国家体委颁发的，而要把孩子送入围棋道场学习的家长基本知道棋圣聂卫平，所以对聂卫平围棋道场会更信任。

• 专注 ×× 领域 ×× 年

因为从事一个行业时间越长，越让消费者觉得产品或服务的质量没有问题（产品或服务有问题的话，企业没多久就会倒闭，不会存在那么长时间），并且因为在一个领域做的时间长，所以积累也比较深厚。比如，创维电视电商营销页上用到了“创维专注电视领域31 年”作为其中一个信任状（图 2–26）。

图 2–26　创维某款电视京东详情页中关于品牌的板块截图

• 资质证书

大家说到资质证书的时候都习惯连在一起说“资质证书”，但是要注意，资质和证书是两回事。资质是指专业领域达到行业监管机构的认证标准。比如，室内甲醛检测公司，就需要具备 CMA[①] 资质才算是正规的室内甲醛检测公司；一级资质建筑企业就需要满足企业净资产不低于 1 亿元，建筑工程、机电工程专业一级注册建造师合计不少于 12 人等很多项条件。

证书是指具有一定社会影响力的机构对公司整体或某方面的认可。比如，创维是 CCTV 4K 超高清频道的独家合作伙伴，更重要的是创维还是国家科学技术进步一等奖获得者，这也从侧面证明了创维电视的实力。资质是基础，证书是锦上添花，其实资质比证书更难获得，所以转嫁的信任感会更高一些，这就是为什么好多产品的营销页上会放上很多的资质和国家专利。

• 背景强大

因为大家相信这个背景，所以会把对此背景的信任转嫁到与此强大背景有关系的企业身上。比如，金融机构如果有国资、央企或上市公司的背景便会去强调这一点。知名大企业下属企业会带上大企业的招牌。比如，中国非常大的水果全产业链企业佳沃股份在包装或其他地方会标上“联想控股成员企业”，一些处于创业期的企业会在公司简介里强调是知名投资机构（红杉中国、IDG 资本、经纬创投等）投资的企业。

① CMA（China Metrology Accreditation）：中国计量认证。——编者注

- 央媒报道

大家对央媒（CCTV、央视网、人民网等）还是比较信任的，很多企业也以被央媒报道为荣，所以这个企业一旦被央媒报道过，就会把央媒报道的截图放在自己官网或宣传页上，用以增强别人对他们的信任。

- 名师弟子 /×× 代传人

因为大家对名师的尊敬和信任会转嫁到名师的弟子身上，这个在医生（师从某知名医院学科创始人）、律师、曲艺表演艺术家等职业上表现得尤为明显，这也就是为什么这类公司在宣传的时候都会用上“×× 名医弟子”、“孔子第 × 代传人”等类似的描述。

- 名人代言

很多人说明星带来了名人效应，其实这个名人效应也可以理解为人们把对明星的信任转嫁到产品或服务身上。比如，瓜子二手车请孙红雷代言，瑞幸咖啡请汤唯和张震代言，花点时间是明星高圆圆投资的品质鲜花品牌。从另一个角度看，企业请得起明星做代言人也是一种实力的象征，且明星会“爱惜自己的羽毛”，不是什么产品都代言的，必须是经过一定数量的消费者使用，质量没问题的产品。

注意

还有一种类似名人代言的形式——名人亲自使用（“亲测有效”），如我在2018年年初，给爱帝宫月子中心做营销咨询，发现梅婷、李念、孙红雷、佟大为、黄磊等明星家庭都选择在爱帝宫月子中心坐月子。虽然不是代言人，但是这些明星都亲自体验了他们的服务，也能作为信任状的一种来使用。

- 检验报告

由于检验报告需要满足一定特殊资质的权威机构才能出具，因此提供检测报告也是信任状的一种，并且对于产品的某项功能描述最为常见。比如，以前 OPPO 在宣传某款手机的闪充技术的时候使用“充电 5 分钟，通话两小时”这个宣传语，那就需要在宣传页的某个位置标注这句话是怎么来的。检测报告特别适用于对产品某项功能的宣传上。比如，我在 2016 年 5 月给南孚电池做营销专家顾问时，为了帮南孚电池提高旗下迷你充电宝在天猫旗舰店的支付转化率，就用到了这个方法（图 2–27）。这款迷你充电宝只有 2500 毫安，但是能将 iPhone 6s 从电量报警充到满。

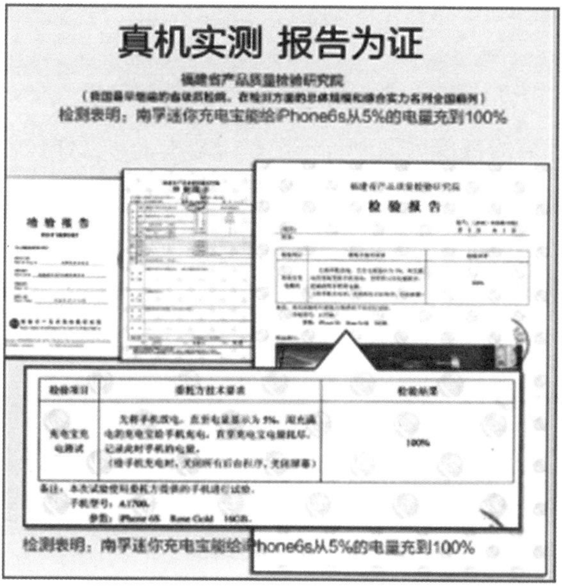

图 2–27　南孚迷你充电宝天猫旗舰店详情页检测报告板块截图

注意

检测报告因为专业性和严谨性，所以内容相对晦涩难懂。比如，由福建省产品质量检验研究院给南孚迷你充电宝出具的检测报告上是这样写的：先将手机放电，直至电量显示为5%，用充满电的充电宝给手机充电，直至充电宝电量耗尽，记录此时手机的电量。备注一栏里显示参数：iPhone 6s Rose Gold 16GB。检验结果：100%。

检验报告上的这些话不太好理解，需要反复读几遍才明白，为了便于消费者理解，我们在忠于检验报告原意的基础上把它翻译成大白话"检测表明：南孚迷你充电宝能给iPhone 6s从5%的电量充到100%"。这样既好理解，又不丧失检测报告的严谨性，在这个检测报告的板块不能写"南孚迷你充电宝能给iPhone 6s从5%的电量轻松充到满"，"轻松"这个词是形容词，出现在检测报告的板块，就失去了检测报告的严谨性。

- 知名合作伙伴

很多公司的宣传页上都有一栏专门是用来写合作伙伴的，为的是增强信任感。以前我在九毛九饭馆吃饭的时候，发现九毛九的菜单上有一页专门介绍他们的供应商（合作伙伴），其中就有李锦记，而我对李锦记这个品牌有好感，因为对李锦记的质量放心，所以对九毛九也比较放心。还有前面提到的每周一花头部品牌花点时间是"明星高圆圆投资的品质鲜花品牌"，其实在后来继续迭代的落地页上，我把这句话改成了"花点时间——世界500强定制鲜花供应商"，因为招商银行、丰田汽车、花旗银行等世界500强企业都在花点时间定制鲜花送给他们的客户，而大众对世界500强比对明星的信任感会更强。

- 同款工艺 / 同样的代工厂 / 同样的供应商

很多工艺的学名大众并不知道，那么如何显得很牛呢？那就找也是用这种工艺的其他知名公司，从而衬托自己使用的工艺很牛，通过信任转嫁的方式来拔高自己。这就是为什么网易严选上经常出现“与 ×× 同款”，小米的部分商品宣传页上用到了“钢琴同级烤漆工艺”。

信任状还有很多，以上是常见的信任状，不太常见的就不在此逐一列举了。

在使用信任状的时候要注意：**大家都懂的信任状强于业内的信任状。**业内的信任状是没有太多作用的，因为业内就意味着范围小众，所以大众是不知道的，因此一定要用大家都懂的信任状。比如，“职业九段领衔的师资团队”就没有“棋圣聂卫平领衔的师资团队”效果好，因为只有了解围棋的人才知道“职业九段”是围棋专业级别里面的最高级，但是绝大多数给孩子报围棋兴趣班的家长是不知道这个点的，可大家都知道棋圣的称号代表着这个人专业水平非常高。

信任状的精彩案例

以上讲信任状都是以比较直接的方式，但是很多公司的信任状，需要挖掘才能找到。为了更好地帮助大家运用信任状，我举一个已经过了保密期的项目案例，给大家展示下信任状的用法。

我在 2016 年 11 月开始给每周一花行业头部品牌花点时间做营销咨询，帮他们把有赞店铺每周一花产品的支付转化率提高了

117.9%。

那么，这个项目是如何运用信任状的呢？

你在网上买花最关心的三个问题是什么？请将关注的问题写到下方的空格上：

①____________________________

②____________________________

③____________________________

其实大部分人写网上买花最关心的三个问题时都绕不开一个问题：好不好看。

新的问题诞生了，好不好看是审美的问题，美是千人千面的，每个人理解的美是不一样的。在有的人眼里，鲜艳是美，大红大紫是美；在有的人眼里，用色简单、素色是美。那如何定义一种美，让大多数人都认可这就是美呢？

来找信任状。首先想要专家参与，于是想世界知名花艺师是谁。可客观事实是大众并不知道世界知名的花艺师是谁，因为花艺是个相对小众的领域。明星代言，花点时间的投资人是明星高圆圆。知名合作伙伴这个信任状上，花点时间也是具备的，花点时间是世界500强定制鲜花供应商。但是明星投资人和世界500强合作伙伴能说明公司实力强，并不能说明鲜花很美。最后我在名师弟子上找到了突破口。

做营销咨询的时候有个环节是访谈核心人员。当时我在做这个项目的时候，在解决花美不美的问题上，我首先想到了花点时间的首席花艺师，后来在交流中得知花点时间的首席花艺师在花艺领域有 17 年的经验，所读学校在花艺领域很好，但是大众并不知道这所学校，因为花艺是相对小众的领域，更别说花艺学校了。

但是花点时间首席花艺师在学花艺的过程中有个在专业领域特别牛的老师叫罗比·霍尼（Robbie Honey）。可能大家和我的感觉一样，头一次听说罗比·霍尼，这个人之前没有听说过啊，但罗比·霍尼是 Dior（迪奥）和 Hermès（爱马仕）等一线品牌发布会的御用花艺师。我们虽然不知道罗比·霍尼，但是我们知道 Dior 和 Hermès 啊，并且 Dior 和 Hermès 是头部品牌，头部品牌发布会的御用花艺师就很牛了。因此，我们在宣传页上这样来写：花点时间首席花艺师师从 Dior、Hermès 等一线品牌发布会御用花艺师罗比·霍尼，运用 17 年的立体构成、色彩构成的美学技巧，来搭配每期鲜花，确保精致搭配。

但是仔细看这句话的时候会发现问题所在，就是不符合“F 形黄金视角”。我们大部分人看东西时是从上到下，从左到右，因此我将上面的描述调整前后顺序，变成了“Dior、Hermès 等一线品牌发布会御用花艺师罗比·霍尼的弟子担任花点时间首席花艺师，运用 17 年的立体构成、色彩构成的美学技巧，来搭配每期鲜花，确保精致搭配”，这样就符合“F 形黄金视角”了，也很好地运用了信任状中的“名师弟子”。

在南孚电池迷你充电宝项目上，除了前面提到的检测报告这个信任状，其实还运用了其他信任状，比如和知名公司的产品具有同样的工艺这条信任状。

南孚迷你充电宝的外壳是通过阳极氧化工艺做上去的，但是很多人没听说过阳极氧化工艺，后来我从南孚那边了解到，iPhone 6s的外壳也采用了这种工艺，所以有了“采用与 iPhone 6s 一致的阳极氧化工艺，还原金属磨砂质感，耐磨不掉色。”如图 2–28。

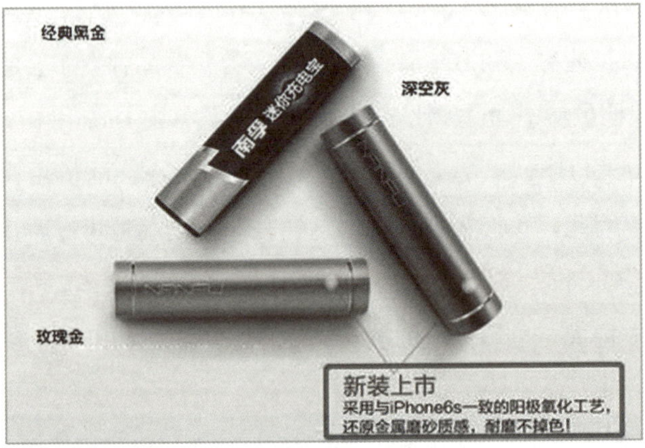

图 2–28　南孚迷你充电宝天猫旗舰店详情页多种款式板块截图

信任状的延伸

其实除了上述地方可以用到信用状，还有很多地方可以用到信任状。

比如李开复老师在早期并不是很知名的时候，他的头衔是微软亚洲研究院院长，当他很知名的时候，就不需要用“微软亚洲研究院院长”这个头衔，直接说李开复就行了。

我有一个朋友，对外的头衔是 ××（公司品牌名）市场总监，但是她在知乎上用这个头衔发现并不能吸引大家的注意，后来她在在行 App 上花几千元向我咨询。我帮她分析后，发现了问题所在：这家公司是做 to B[①] 业务的，不是 to C[②] 业务，因此这家公司在大众领域是没有什么知名度的，但是在专业领域很强。于是我问了一下这个公司的一些情况后，找到了一个非常好的信任状，她所在公司是上市公司，并且是纳斯达克上市公司，于是她的头衔就成了纳斯达克上市公司市场总监，但是因为知乎上个人签名字数有限制，于是改成了美股上市公司市场总监。

把两个头衔放在一起，感受一下它们带给你的信任感的区别：

××××（非大众熟知公司品牌名）市场总监

美股上市公司市场总监

而她在知乎上用了这个新的头衔之后，回答问题带来的粉丝量明显比之前多。

大家还记得坐东方航空的飞机时，他们播放的欢迎语是“女士们，先生们，欢迎您乘坐天合联盟成员中国东方航空”吗？

当你自己还不够强大的时候，你要找一些为大众所知的信任状来为自己背书。

① to B（to Business），即面对企业的电子商务形式。——编者注

② to C（to Customer），即面对消费者的电子商务形式。——编者注

信任状的练习

写下自己公司的信任状	
信任状的定义	自带信任的事物。
信任状的作用	信任转嫁。
所处阶段	下单三步中的第二步：建立信任的第二阶段。
信任状的用法	描述公司产品或服务的过程中，不断呈现信任状。
自己公司的信任状	

扫码关注公众号

回复 1，加本书作者陈老师私人微信号，交流营销、转化率有关的内容。
回复 2，获得提高转化率 PPT。

使用陈勇转化六要素的第二个要素“承诺与兑现”来使目标客户产生轻度信任，然后加上陈勇转化六要素的第三个要素“信任状”来转嫁信任，使信任度进一步加强。但是，如果这时候信任度还不够怎么办？那就用信任的最高级别——高级信任来解决信任问题，这时候就需要陈勇转化六要素的第四个要素“畅销好评”出场了。

2.5 畅销好评：基因决定的从众术

在日常生活中，我们有些选择惊人的一致。以下有三个选择题，先让大家自己做出选择。

1. 中午出去吃饭，不在乎口味和时间充裕的情况下，你会选人多的店还是人少的店？（　　）

A. 人很多的店　　　　B. 人很少的店

2. 中午忙，没时间出去吃饭，在手机上点外卖，你会选评价高的还是评价低的店？（　）

A. 评价高的店　　　　B. 评价低的店

3. 网上买东西，优先看销量高的还是销量低的店？（　　）

A. 销量高的店　　　　B. 销量低的店

好了，相信你已经很快做出了选择。大概率来说，出去吃饭的时候，人们会选择人多的店而不是人少的店。如果点外卖的话，就选评分高的店不选评分低的店。如果是网上买东西的话，会选销量高、评分高的店，不选销量低、评分不高的店。可能你对这种现象已经习以为常，认为没有什么好深入研究的，但是这些行为背后有几乎相同的原因，不信你问周围的人为什么这样做选择。

答案基本一样：产品质量不好，服务不好的话，销量就不会高，评分也不会高。销量高，评分高，说明这家店无论产品质量还是服务态度都不错，这样买家选错的概率就会低很多。人都是趋利避害的，都希望自己做出正确的选择。

这三个选择题里，藏着陈勇转化六要素中的第四个要素“畅销好评”。那我们喜欢看销量、好评的行为是怎么来的呢？学过生物学的朋友知道，人类是从猿猴进化而来的，而生物学又说基因是有多种多样的，有的人的基因决定了他们喜欢群居，但是还有一部分人的基因决定了他们喜欢离群索居。

假如猿猴 A 的基因决定了它喜欢群居，喜欢和大家在一起，做事不喜欢单独行动，猿猴 A 就和部落里的其他猿猴很熟。而猿猴 B 的基因决定了它喜欢离群索居，不喜欢和大家在一起，做事喜欢单独行动，这导致猿猴 B 和大家的关系比较疏远，其他猿猴也不熟悉它。有一天部落里的首领决定让大家去采摘果实，储备起来准备过冬。大家就出发了，猿猴 A 是和其他猿猴一起去采摘果实，不单独行动，而猿猴 B 习惯了离群索居，大家和它不熟，没和它一起，导致它独自去采摘果实。不料采摘果实的过程中，它们遇到了猛兽的攻击。猿猴 A 因为和大家在一起行动，所以遇到这种情况，大家团结起来同仇敌忾，赶走了猛兽。但是猿猴 B 就没那么幸运了，由于它是单独行动，遭受其他猛兽攻击的时候，没有其他猿猴来帮它，它一人无法对抗猛兽，便被猛兽给吃了，也就是说它死了，没有后代了，那个导致他喜欢离群索居的基因就不会延续下来。而猿猴 A 因为活下来了，活到一定时间后与其他猿猴交配，有了下一代，于是决定它喜欢群居的基因得以保留。就这样经过几十万年、上百万年的生物进化和大自然的优胜劣汰，体内带有群居基因的人越来越多，体内带有离群索居基因的人越来越少。这也就是为什么，有时候看到一群人围在一起，我们明明有事要赶路，还是会不自觉地扭头去看看大家围在一起干什么。其实不是我们自已想看，而是我们体内的基因决定了我们想去看。

前两节说到承诺与兑现是为了让人们产生轻度的信任（处于初级信任阶段），轻度信任是不够的，所以利用信任状进行信任的转嫁，让信任度更高一些（达到了信任度的中级信任阶段），但是对于某些需要非常高信任才能成交的产品或服务来说要怎么办？这时候就需要畅销好评来继续积累信任了（让信任度达到高级信任阶段）。

畅销好评的定义和作用

畅销和好评是两个词。这里的畅销可以指某件商品在单位时间内的销售数量高，也可以是某件商品在某个渠道（如淘宝店）或者全网（包含线上和线下所有渠道）积累的销量很高；好评是指用户基于对某产品和服务的认可而做出的正面评价。

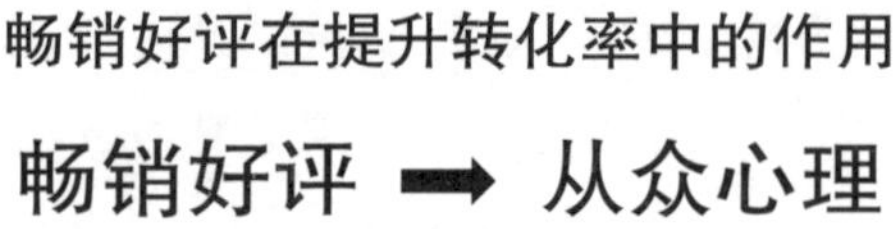

图 2-29

而畅销好评的作用是为了让大家产生从众的心理（图 2–29），在下单三步中的第二步建立信任的第三个阶段中产生作用，这也就是为什么本节标题叫“畅销好评：基因决定的从众术”。

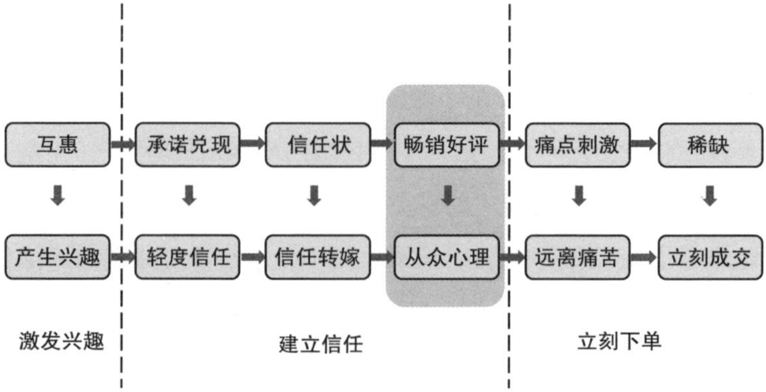

图 2-30

既然大家都买，评价也高，说明质量没问题、服务没问题、售后也没问题，当商家宣传的时候采用各种方式使用越多的畅销好评，从众的心理就会积累得越多，消费者就更相信这个商家。

畅销好评的使用方法

图 2-31　畅销好评的使用方法

在宣传产品或服务的过程中，要不断呈现畅销好评。畅销好评表现形式很多，本书只是列举一些常见的使用方法（图 2-31）。

- 绕地球 × 圈

因为人都生活在地球上，知道地球很大，销售的产品连起来能绕地球几圈，就说明销量足够大。如果没记错的话，截至 2019 年 3 月 31 日，只有一家公司在宣传的时候使用过“绕地球 × 圈”的广告语。我想你已经猜到了，没错！就是那个香飘飘“连续五年全国销量领先，一年卖出三亿多杯，杯子连起来可绕地球一圈”。光听这句话，就觉得该产品非常畅销。当你销售的产品连起来也能绕地球一圈以上，就可以“用绕地球 × 圈”这种畅销好评了。

- 全国 ×× 家店

大公司在全国很多个城市都有分公司（如留学类的公司）、分店（如餐饮类、便利店类公司）、分校（教育培训类公司）、分院（商学院或医美整形类公司），分支机构多，说明产品或服务被大家认可

（如果产品和服务不行的话，就无法长期开很多分支机构），畅销好评就体现在分支机构的多少上。

- 用户遍布 ×× 省市或国家

一家公司用户覆盖的区域越多，大家第一感觉就认为他们的产品或服务被认可的人就越多，这也是畅销好评的一种体现形式。比如，一些 App 类公司或在线教育公司（如得到 App、猿辅导等），提供的服务半径不受地理位置限制，只要联网就能使用。因此用户很可能遍布国内的很多省市以及国外地区，这个时候就要把这个优势写出来。如果有港澳台的用户或者发达国家的用户更需要单独标出来，比如，学员覆盖全国全部 34 个省区市；学员覆盖中国、美国、英国、法国、澳大利亚等全球 26 个国家。

- 客户评价

很多人在看到一个没用过的商品时会担心这个产品好不好，所以这个时候，他会去看已经买过的人的评价或者用了一段时间产品的其他客户的评价（比如淘宝、京东电商的评价和追评板块），而客户使用了某产品或服务后觉得不错，就可能去网站上写好评（当然也有一些可能是因为有利益才去评价，比如好评返现。但是一个人使用某产品体验不好，甚至体验极其糟糕，就算有好评返现的利益驱动，也不会去写好评的，更不会把它推荐给周围的朋友。因为对于绝大多数人，面子比钱更重要，不想自己受损了让朋友因为自己的推荐也受损），所以这个时候客户评价就显得尤为重要。

在淘宝、京东等平台，本身有评价系统，但不在商品详情页里，而是在“评价”这个标签下。

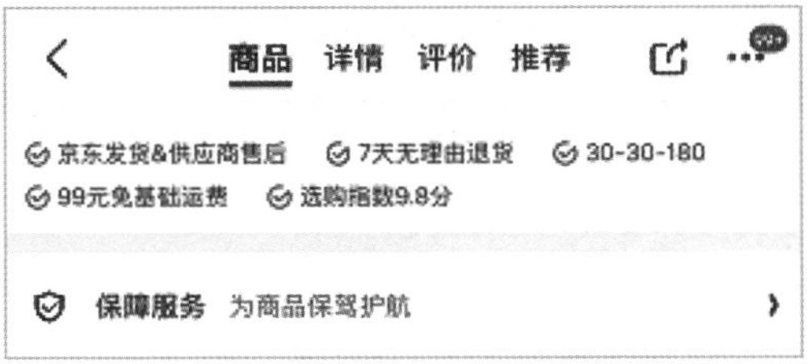

图 2-32　京东平台详情页顶部标签板块截图

所以，最好精选一些能体现产品功能效果、品质、服务态度、物流等维度的评价放到商品详情里，这样能缩短潜在客户看到评价的路径。方便了潜在消费者，支付转化率就会有所提升。

×× 人或 ×× 客户的选择： ×× 人或 ×× 客户的选择是很直接的"畅销好评"体现形式，但是前提是这个 ×× 人的数字要很大才行，需要 6 位数及以上才显得很畅销（特殊行业除外，也有很好的解决办法，具体看本书畅销好评的延伸部分）。

销售 ××× 万： 这是最直接的畅销好评，很多人买一些单价不是很高的产品时，直接按照销量排序，然后选销量最高的一家，买起来特别干脆利落，所以要运用好这点。

加起来 × 公里： 类似于畅销好评的第一种表现形式"绕地球 × 圈"，同样是显得销量高。

×× 人访问本网站： 很多大学官网首页底部都会标上已有 ×× 人访问本网站，就是为了体现网站很火，受大家追捧。如果学术类网站用到这个畅销好评，则是为了证明内容很权威，大家都来这里看，也能激发人们对追求畅销好评的从众心理。

× 个月 ×× 人口碑见证： 一些新产品，在众筹网站（如小米有品、京东众筹等）做完众筹活动后，就会在其他电商网站进行销售，由于众筹本身的时间不会很长（一般 2—3 周），所以销量也不会特别高，这个时候怎么体现“畅销好评”呢，答案就是 × 月 ×× 人口碑见证。比如，四个月 17.6 万用户口碑见证，这样就显得产品畅销了。还有一些产品平常销量没多少，但是“双十一”或“618”等电商节日的时候销量特别高，这个时候就可以用“‘双十一’当天销量突破 10000 单”类似的宣传语吸引潜在客户来购买，也有一些二手车交易平台会用“每分钟成交两辆”之类的宣传语来吸引客户。

畅销好评的经典案例：无忧保姆的畅销好评

2017 年 8 月我开始给无忧保姆做营销咨询，帮他们提高转化率，在梳理无忧保姆的畅销好评的时候，找到了很多“畅销好评”，本书节选两点：

- 全国有 116 家直营店。
- 获得了几千面客户送的锦旗和很多感谢信。

于是在宣传推广页的不同位置运用这些畅销好评。他们已经有 116 家门店了，但是设计作图的时候遇到一个问题：怎么表现门店多？这个问题简单，直接将所有门店的位置（以城市为最小区域）以小红旗的形式展示在地图上就好，但是无忧保姆的门店主要分布在经济发达的东南沿海地区，于是只突出有门店的城市就好。

这样就把畅销好评里的“全国 ×× 家店”用好了。

获得了客户送的锦旗和好评，但是页面上直接放锦旗，会不太协调，于是我想到了把客户送锦旗的照片用在客户头像上，这样可以在一个板块里把锦旗、客户评价都放上（图 2–33）。

图 2–33　无忧保姆落地页中关于客户评价板块截图

这样一个评价板块包含了客户姓氏和性别（如王先生、王女士等）、头像、锦旗、所在城市（如北京、天津等）、所选服务类型（如做饭保姆、月嫂）、好评标签、具体评价，以及一个行动号召（马上预约获得 200 元家政红包），把畅销好评里的“客户评价”用得非常好。

再举一个案例，某品牌奶茶店在全国有 1000 多家门店，人们买奶茶喜欢去人多的店（有人排队的店），消费人群大部分是女性，买奶茶和喝奶茶的用户时间相对宽裕，于是他们就用“畅销好评”的原理来做一个运营策略：他们给制作奶茶的店员培训的时候说，买奶茶的客户时间都比较充裕，因此在客户很少的时候，就做得慢一点，并且陪客聊天，想办法夸客户（比如，客户是女士就夸对方有气质或者夸对方的衣服真漂亮等。如果客户是男士，就夸对方贴心，会照顾女朋友或老婆等）。这样一来，制作奶茶的速度就相对慢了，客户排的队伍就慢慢长起来了，然后就不和客户闲聊了，做奶茶的速度开始快一点。这样始终保持 3—5 个客户在排队，能吸引其他人过来排队买奶茶。

畅销好评的延伸

2018 年，有个朋友说我都是给创维电视、清华紫荆教育这种每个行业的头部公司做营销咨询，帮他们提高转化率，所以要找“畅销好评”比较容易，因为行业头部公司的销量和评价的积累都很高。而现实情况下，大部分公司都还很小，并且可能是特殊行业的特殊时期。比如，办公室装修创业一年的公司，并且目前还只在一个城市做，本身的客户数量就不会很多，但是数量不大的话，写上去就不够“畅销好评”，没什么效果，应该怎么办？我的建议是，把办公室装修客户数量转化为累计装修办公室面积多少平方米。因为办公室装修大多数都是几百平方米，甚至部分能达到上千、上万平方米，因此可以把数量至少扩大两个数量级。假如目前该公司只服务了 50 家客户，这 50 家客户看上去很少，但是这些客户的办公室平均装修面积是 460 平方米，那服务这 50 家客户累计的总装修面积就是 50×460=23000 平方米了。23000 比 50 看上去就大很多，放在一起对比下：

> 累计服务 50 家办公室装修客户。
> 累计服务客户装修办公室面积达 23000 ㎡。

现在一看是不是感觉后者可以够上“畅销好评”了。

同理，我在 2018 年给一家教育培训公司做营销咨询，他们累计辅导了十几万个学生，部分学生已经上了一百多个课时，假如有 160000 个孩子在那学习，假设这 160000 个孩子在老师的指导下，平均练习了 36 个课时，那宣传的时候就可以说“累计辅导 5760000 个课时”（160000×36=5760000），这个要比“累计辅导160000个孩子”更显得“畅销好评”。

为了让大家直观上更有感觉，我还是把两个数字放在一起：

累计辅导160000个孩子。
累计辅导5760000个课时。

你看这样放在一起对比，就更明显了。

注意

1. **营销绝对不能撒谎，只能适度润色。**撒谎迟早被戳穿，辛苦建立起来的品牌信誉就会很快崩塌。
2. **越具体的数字越可信。**这就是为什么有缘网在做电视广告的时候，会说“一亿三千六百三十一万五千四百七十八人在有缘网找对象”，很多人说直接讲“1.3亿人在有缘网找对象”不更简单吗？并且电视上投广告很贵，这样简短一些，所用的时间更短，广告费还能便宜一些。但是有缘网的宣传人员难道没想到这一点吗？我推测他们是知道的，之所以那么做是因为更有效(因为有缘网不是短期投了那个广告，而是好几个季度都投放了，说明是有效果的。没效果，早就换广告语了)，一亿三千六百三十一万五千四百七十八人比1.3亿人更可信。另外，用汉字简体数字来表达，显得更正式一些，也就更可信。
3. **方法总比困难多。**你要坚信问题总能解决，如果你在营销上遇到了很难问题，可以在微信公众号陈勇营销专栏(ID：cy-yingxiao)中发送1，加我的私人微信号进行交流。

畅销好评的练习

写下自己公司的畅销好评	
畅销好评的定义	畅销可以指某件商品在单位时间内的销售数量高，好评是指顾客或客户对产品和服务认可而做出的正面评价。
畅销好评的作用	使消费者产生从众的心理。
所处阶段	下单三步中的第二步：建立信任的第三阶段。
畅销好评的用法	描述公司产品或服务的过程中，不断呈现畅销好评。
自己公司的畅销好评	
	扫码关注公众号 回复 1，加本书作者陈老师私人微信号，交流营销、转化率有关的内容。 回复 2，获得提高转化率 PPT。

当用“承诺与兑现”使目标客户产生了轻度的信任，“信任状”来进行信任转嫁，“畅销好评”引导从众心理，把信任度从初级信任提升至中级信任，最终上升到了高级信任，也就意味着本章第一节讲的下单三步中的建立信任阶段完成。

接着就要开始向“立刻下单”这一步出发了，这时候就需要用到陈勇转化六要素中的第五个要素“痛点刺激”。

2.6 痛点刺激：远离痛苦的助推术

我们平常会遇到这种情况，好朋友推荐一个商品给你，按理说，好朋友的推荐，因为对好朋友足够信任，也就对产品质量和售后服务没有疑虑了，那为什么不买呢？做了一个调研后，我发现主要原因有三个：

- 有需求，但没有购买力。
- 有需求，但不着急。
- 没有需求。

对方想买这个商品，但奈何钱差得比较多，没有购买力，那不会成为你的客户，因为对方钱不够，你怎么营销也没用。

对方有需求，但是不着急，那就需要让对方着急起来，什么东西能够让对方开始着急买呢？那就需要用到陈勇转化六要素中的最后一个要素“稀缺”，稀缺我们在下一节讲。

还有一种情况是对方没有需求，那怎么做才能让对方产生需求？这就需要用到陈勇转化六要素中的第五个要素“痛点刺激”，让对方产生需求，也就是让对方对这个商品产生兴趣，之所以把痛点刺激放在陈勇转化六要素中的第五个，是因为痛点刺激和稀缺一起使用的时候，效果更明显。

想想我们日常生活中，什么情况下抢着给对方钱，并且不去砍价？没错，就是在医院的时候，我们是不会和医院去砍价的，并且都是排队抢着给医院交医药费。你想过这是为什么吗？

原因很简单，就是我们或亲人处在生病痛苦中的时候，会想着赶紧远离痛苦，除非实在是没有这笔钱，那就只能继续忍受生病带来的痛苦。也就是人们面临痛苦的时候，都是着急去远离痛苦的。让对方远离痛苦的前提是让对方意识到他很痛苦，那要怎么做呢？这就需要用到痛点刺激。

痛点刺激的定义和作用

这里的痛点刺激，是指通过语言、图片、视频的方式让对方回忆起对某事物的厌恶心理，从而产生痛苦。

痛点刺激在提升转化率中的作用

痛点刺激 ➡ 远离痛苦

图 2-34

而痛点刺激的作用是为了激发大家想要远离痛苦的本能（图2-34），在下单三步中的第三步立刻下单中产生作用，这也就是为什么本节标题叫“痛点刺激：远离痛苦的助推术”。

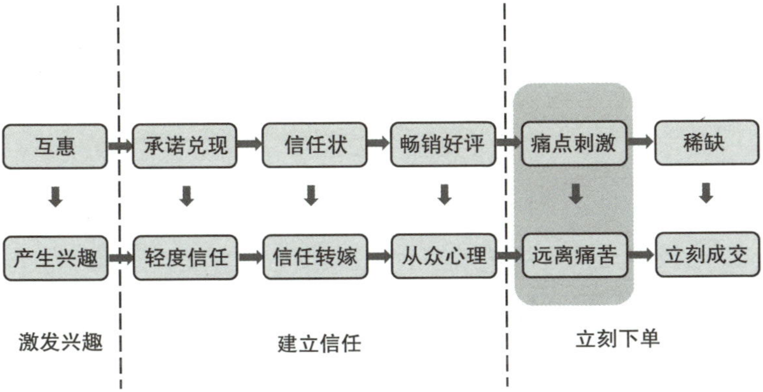

图 2-35

当消费者想要远离痛苦的时候，下单的可能性就会大很多。

痛点刺激的使用方法

图 2-36

先找到消费者确定对某产品品类厌恶的点，然后用某种形式将这些厌恶的点表现出来（图 2-36）。比如，买智能电视的时候，消费者讨厌播放的时候卡顿有拖影，那就在宣传页面上把这点表现出来，如图 2–37 的形式。

图 2–37 创维某款电视京东店铺详情页中关于真 4K 动态补偿的板块截图

无真 4K 动态补偿，画面抖动且拖影；有真 4K 动态补偿，画面流畅不抖动，无拖影。

消费者还讨厌画质不清晰，因此也要表现出来（图 2–38）。

图 2–38 创维某款电视京东店铺详情页中关于真 4K 超解像技术的板块截图

无真 4K 超解像技术，画质不清晰，有真 4K 有超解像技术，画质清晰。

这就是痛点刺激，需要用某种形式将这些顾客对某产品品类厌恶的点很直接地表现出来。

还记得第一章提到的围棋培训的案例吗？人们不去试听，很大一部分原因是家长觉得学围棋不重要，那怎么刺激这个痛点呢？就通过话术的刺激，让家长知道孩子注意力不集中的话，学什么都不行，这会让家长很担心。而学围棋可以提高孩子的注意力，那孩子学习方面就不会存在什么问题了。也就是通过学围棋的方式让家长远离了痛苦，自然就提高了到场试听率。

痛点刺激的精彩案例：一个"优秀租房中介"的套路

我有一个朋友刚来深圳腾讯公司工作，需要租房，我陪他去看房。因为大家都比较忙，时间紧，于是就直接找中介去看房。我们先思考一下我们对租房的厌恶点是哪些：

- 房子小。
- 房子和家具老旧。
- 通风采光不好。
- 房租贵。
- 交通不便，离公司远。
- 周围邻居无业并且比较吵闹。

中介听完了我朋友的需求之后，找了几个小区的照片给我们看，我们选了离朋友公司近，且从图片上看还行的小区，中介就带我们去看房子了。

第一套房子推开房门，里面如图 2–39 所示。虽然房间不大，好在有木地板，也比较干净，还有阳台，但是采光效果不好，并且那张床看起来很老了，我和朋友都怀疑床垫上有很多细菌。中介还说这个房子房租要 3500 元 / 月，我俩都不喜欢这个房子，就说看下一个。

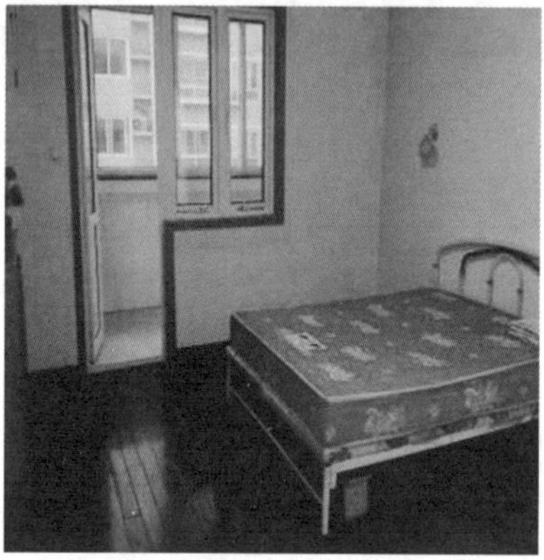
图 2–39

图 2–40

于是中介带我们去看同一个小区的另外一套房，打开房门（见图 2–40），里面看着比较舒服、干净，有窗户，采光通风也不错，就是面积比较小，整个房间基本都被床占了，房租还要 3800 元 / 月，我们觉得也不合适，于是中介继续带我们看隔壁小区的房子。看了几套发现都不太合适，朋友和我都不想继续看了，准备回去。这时候中介说，这个小区还有一套房，可以去看一下。我和朋友一想，来都来了，就在这个小区，那就再看一套。

打开房门一看，是图 2–41 这样的。

图 2-41

房间干净、有窗户、采光通风没问题，整体风格我朋友也比较喜欢。一问价格，要 4000 元 / 月，我们虽然觉得贵了，但是和前面几套房子对比一下，觉得还可以。中介看我朋友在犹豫，就说正好店庆搞活动，只需要把某篇文章发到朋友圈集 30 个赞，就可以每个月省 500 元房租，也就是 3500 元 / 月，现在就可以签租房合同交定金。于是，我朋友准备答应签合同了。我拦住他，问能不能再优惠一些，中介说没有优惠了，而且一会儿还有一对年轻人过来看这套房子。这个时候我朋友明显着急了，当场签了租房合同，交了定金。

你看这整个过程很值得探究。中介不直接带你去看最合适的房子，而是先带你去看那些明显会让你不满意的房子。比如，不干净、面积小、采光和通风条件不好、价格高的房子（先找到消费者确定对产品厌恶的点，然后用某种形式将这些厌恶的点表现出来）。因为你在前面看了 n 套房子（这些房子都有你的厌恶点，这便是不断地刺激你的痛点），终于有一套房子符合需求，就是价格贵一点，然后找个理由（店庆搞活动）给个优惠，并且获得这个优惠的门槛并不高（转发朋友圈获得 30 个赞，注意是 30 个，不是 10 个也不是 50 个以上的赞），如果对方还在犹豫，就用最后一个撒手锏——“稀缺”（一会儿还有人过来看这套房子），这个时候你就买了。

痛点刺激的延伸

对于预防型产品（也就是平时没用，一旦出事的时候能发挥很大作用的行业，如保险产品、安防产品），用痛点刺激比用陈勇转化六要素的第一个要素互惠的效果更好。因为对于预防型产品，人们没有最基本的需求，只有发生危险了，才后悔没买，所以宣传的时候痛点刺激越多，客户越愿意下单。

而一些新兴产品或不是大众熟知类的产品，由于之前不存在这一类产品或者没接触过这一类产品，大众对这种产品很陌生，大部分消费者也不知道这产品有什么用，这个时候用痛点刺激就很管用。2016 年南孚电池聘请我为他们的营销专家，帮他们提高天猫店迷你充电宝的支付转化率。在页面的前几屏我就用到了痛点刺激。

大家对充电宝很熟悉，但是对迷你充电宝比较陌生，因为迷你充电宝是一个新品类。另外，大家基本都有一个充电宝了，充电宝比较耐用，一般 1—2 年才换一个新的。要说服消费者再买一个新的充电宝不太容易，所以我们将其重新定义，迷你充电宝不是传统充电宝的替代品，而是补充品。传统的充电宝基本都是 10000 毫安以上的，这就导致传统充电宝的体积会很大，这是一个痛点，于是我们设计了这张图（图 2–42）。

图 2-42　南孚迷你充电宝天猫旗舰店详情页中关于传统充电宝很笨重的板块截图

图中男士口袋里放着一个大的充电宝，看起来很不协调，还有点丑，旁边配上文字：“是的，平时大充电宝因为太重而你不愿意背，所以不起作用！”这个痛点刺激就是为了唤起你对小巧充电宝的需求，紧接着用图 2-43 来明确你的需求。

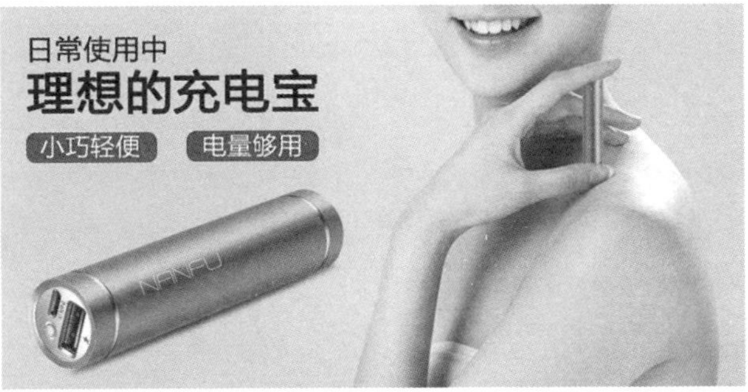

图 2-43　南孚迷你充电宝天猫旗舰电详情页中关于理想充电宝的板块截图

日常使用中，理想的充电宝需要具备小巧轻便这个特点，但是大家潜意识里会担心，充电宝小的话，电量是否够用。于是我们在这张图中放了两个卖点：小巧轻便、电量够用。这样就把消费者的需求给锁定了。如何显得小，女性的锁骨都比较纤细小巧，于是这张图中把迷你充电宝放在女性锁骨的位置。

痛点刺激的练习

写下自己公司产品营销中的痛点刺激	
痛点刺激的定义	通过语言、图片、视频的方式让对方回忆起对某事物的厌恶心理，从而产生痛苦。
痛点刺激的作用	让客户远离痛苦。
所处阶段	下单三步中的第三步：立刻下单。
痛点刺激的用法	先找到消费者确定对某产品品类厌恶的点，然后用某种形式将这些厌恶的点表现出来。
自己公司产品或服务的痛点刺激	
扫码关注公众号 回复 1，加本书作者陈老师私人微信号，交流营销、转化率有关的内容。 回复 2，获得提高转化率 PPT。	

用文字、图片、视频的方式展现不好的地方，这样可以有效刺激痛点，然后呈现好的一面让消费者产生远离痛苦欲求。而完成这一步之后的下一步，就要立即让他下单。下一节，就来讲陈勇转化六要素专门用来促使消费者立刻下单的“稀缺”撒手锏。

2.7 稀缺：让客户买买买的撒手锏

大家平常会遇到这些现象：

- 买高铁票，在系统显示还有很多票的时候你会选一下座位，是选靠窗的位置还是选靠过道的位置。但是，我们会发现当指定行程就剩几张票的时候，基本就用系统默认的座位，不会去选靠窗还是靠过道的位置，只想赶紧支付。为什么会这样？
- 在京东上买东西的时候，一开始在搜索结果页中慢慢看，但是当你看到某件商品被系统标上“仅剩 2 件”“仅剩 5 件”的标签，就会优先点进去看看。为什么会这样？
- 明明每年的“双十一”全天都有大优惠，但是大家为什么要在 11 月 10 日晚上就把商品加入购物车，熬夜到“双十一”零时的时候赶紧支付？大家为什么不在“双十一”白天再支付？

这些问题我也问了一些朋友，他们的回答如下：

- 都快买不到票了还挑啥位置，能买到票就不错了。
- 因为就几件，怕待会儿几个商品对比完，发现还是这件商品最合适，但是没货了。所以先看下，另外仅剩下几件，说明畅销，应该还不错。
- “双十一”当天都有优惠没错，但是架不住没货啊，有优惠也没用啊。我说，不至于吧。结果他说，优衣库用事实告诉他什么叫全场清空。

这三个日常生活中的现象都在说一个很简单的词——“稀缺”。物以稀为贵，只要一件商品开始稀缺，只有少部分人才能拥有，这件商品的价值就开始变高了，而很多促使客户下单的开关就是“稀缺”。还记得上一节中提到的租房案例吗？中介说店庆搞活动，房租可以优惠 500 元，我朋友想租，我拦住他，但是中介说稍后还有一对年轻人过来看房子，我朋友就赶紧签合同交定金。我也不拦着他，这是因为一旦那对年轻人也看中了这套房子（大概率会看中的，因为他们也会被中介带着看其他不好的房子后再看那套房子），就会出现两种情况：一是对方二话不说，租下来，我和我朋友又得继续去看房子，我们又没那么多时间，租房这件事投入的时间成本就会越来越高；二是那对年轻人看中了房子，然后我朋友就和那对年轻人开始了谁先出价高谁租的竞拍模式，这只会增加租房成本，让中介赚更多的钱，这对我朋友和那对年轻人都不利。所以，这个时候最好的办法就是赶紧租下来。

看到没，人在商品稀缺的时候就会停止犹豫，赶紧下单。

稀缺的定义和作用

稀缺一般用来指只有少部分人才能拥有的事物。无论这种稀缺是客观世界里真实存在的稀缺，还是别人故意营造出来的，一旦稀缺出现，人们就会产生紧迫感，这种紧迫感会促使人们立刻成交（图2-44）。

图 2-44

稀缺在下单三步中的第三步立刻下单中产生作用，让人马上下单（图 2-45），这也就是为什么本节标题叫“稀缺：让客户买买买的撒手锏”。

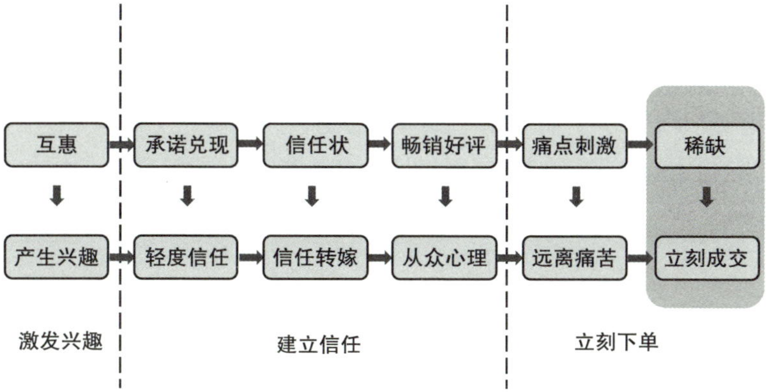

图 2-45

稀缺的使用方法

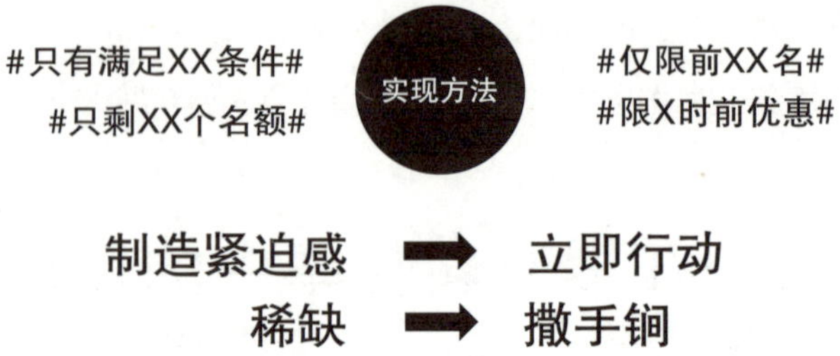

图 2-46

在宣传产品或服务的过程中，要不断呈现稀缺。稀缺的表现形式很多，本书只列举一些常见的形式（图 2-46）：

只有满足 ×× 条件： 只有满足 ×× 条件中的“×× 条件”可以是时间（如几月几日前或每天 18 点前），也可以是地域（如北京海淀区的线下培训机构仅限北京海淀区的用户），还可以是特殊人群（如钢琴陪练机构的试听课就仅限家里有钢琴的用户），只有限制了这些条件才能营造出稀缺感，这样让客户感觉只有他这类人才有机会，并且有其他限制条件，所以得赶紧行动起来。

仅限前 ×× 名： 因我们平常看到优惠券或赠品有很多就觉得无所谓，但是只有前 ×× 名才能拥有，人们就会赶紧去抢。一个事物，只有稀缺起来了，才有价值。

只剩 ×× 个名额： 这个和仅限前 ×× 名是同样的意思，只是紧迫感会更强烈一些，毕竟只剩 ×× 个名额，会让你明确知道，只剩几个了，要赶紧行动。

限 × 时前优惠：限每天 21 点前优惠也能营造稀缺感，但是有个问题是，如果上午看到就不会太有感觉，21 点之后看到也错过了时间，也就没有意义了，除非通过程序去控制页面上的截止时间。也可以改为每小时仅限 ×× 个名额，这样会更好一些。使用这个稀缺的时候要注意，如果不是每天几点前有优惠，而是当周的最后一天或当月的最后一天，那稀缺基本就没有意义了。因为消费者感受不到稀缺，所以稀缺的时间范围一定要短，稀缺的时间范围长就没有稀缺感了。

在使用稀缺的时候一定要简单干脆，千万不能让人去猜稀缺的资源是什么，如图 2–47。

图 2–47　某 Web 大前端就业班落地页关于限时活动运用“稀缺”板块（反面案例）

这张图让人很抓狂：一是因为不知道稀缺的是什么，“每天仅限前 25 名咨询者”字太小，配色也不好，导致根本看不清；二是 1000 元优惠码、报名就抽 iPhone、无理由退款（稀缺的好处太多也很麻烦）等这些信息排版太乱，且放了太多的配饰（文中兔子、灯笼还有一堆乱七八糟的点缀），让人找不到重点。

稀缺的设置一定要简单干脆，如图 2-48、图 2-49 所示。

图 2-48　某围棋培训班落地页关于限时活动运用“稀缺”板块截图

仅限每天前 5 名预约家长，赠送 980 元的家长同步围棋课。

图 2-49　猫王收音机天猫旗舰店落地页关于限时活动运用“稀缺”板块截图

现在购买，赠送专业定制复古手提箱。

稀缺的精彩案例：一个页面的多次稀缺

现在预约送 10 元家政红包，签约还送 200 元家政红包，每天仅限前 50 名签约客户，旁边配上 400 预约号码和填写表单，无忧保姆的 SEM 品牌词宣传页除了这个地方用到稀缺，还在页面其他位置也用到了稀缺。如图 2–50、图 2–51、图 2–52。

整个宣传页多次用到稀缺，但是只有最后一次才是“大稀缺”，其他地方都用带有号召消费者行动的词语来表达。比如，“马上抢红

图 2–50　无忧保姆落地页关于限时活动运用“稀缺”板块截图

图 2–51　无忧保姆落地页关于限时活动运用“稀缺”板块截图

包”“马上抢 200 元家政红包”“立即预约经验丰富的服务人员”“马上预约获得 200 元家政红包”。

图 2-52　无忧保姆落地页关于限时活动运用“稀缺”板块截图

稀缺的延伸

有些稀缺的设置就比较特殊。比如，新世相读书会搞过一次活动，每满 10000 人报名，课程价格就涨 5 元，然后过一小时之后去看，满了 20000 人，课程价格果然涨了 10 元，这个时候没买的人就会懊悔一小时前看到怎么不去报名，于是赶紧报名了。有些商学院也会用稀缺。比如，每学期仅招 50 人，满了就只能等下一学年再报名。另外还有一种“反向操作”，假如男 1 号、男 2 号、男 3 号去一个相对冷清的酒吧喝酒（男 1 号是高富帅，男 2 号条件比男 1 号差点，男 3 号很丑），这时候有女 1 号、女 2 号、女 3 号也来这个酒吧喝酒（女 1 号是白富美、女 2 号条件逊于女 1 号，女 3 号条件最差），到了酒吧里的跳舞环节，我们正常理解的是男 1 号邀请女 1 号去跳舞，男 2 号邀请女 2 号去跳舞，男 3 号邀请女 3 号去跳舞，但是怎么反向利用稀缺让男 3 号成功邀请到女 1 号跳舞呢？

又一个“田忌赛马”的故事诞生了：男 1 号邀请女 2 号去跳舞，

这时女2号会想：平常和女1号在一起，一般都是最优秀的男士先邀请女1号，然后才轮到自己，今天竟然人家先邀请自己。于是女2号欣然答应。然后男2号邀请女3号跳舞，这时女3号会想：和女1号相比，自己很不自信，今天有女1号在场，男士不先邀请女1号而是邀请自己。于是女3号欣喜地答应了。男2号和女3号一起踏入舞池，这时候女1号内心不太舒服，心想：平常邀请自己跳舞的男士有很多，今天他们竟然先邀请女2号和女3号，感觉自己今天受到了侮辱，正在一个人喝闷酒的时候，男3号过来邀请她跳舞，这个时候女1号出于保护自己面子也好，还是免得自己落单也好的原因，也就答应了男3号的邀请。

你看，平常女1号对于上门来的各种优秀男士的邀请爱答不理，因为男士资源太多了；但是今天因为酒吧没有其他男士了，只剩下一位，这时候哪怕这位现场唯一的男士其貌不扬，但若邀请她去跳舞，她也会答应邀请。这就是稀缺的力量。

回顾一下本章，我们先通过几个典型的日常案例看到人们从选择商品到下单的过程，提炼出下单三步：**激发兴趣—建立信任—立刻下单。**

然后通过互惠来和消费者产生联系，通过承诺和兑现让消费者产生轻度信任。信任度不够，用信任状来转嫁信任，让消费者的信任从初级信任提高到中级信任。信任度还不够，就用畅销好评来让消费者产生从众心理，进一步把中级信任提高到高级信任。接着用痛点刺激让消费者想着要远离痛苦，这个时候只需要用稀缺让消费者产生紧迫感，让他马上下单。整个过程流畅到一气呵成，消费者

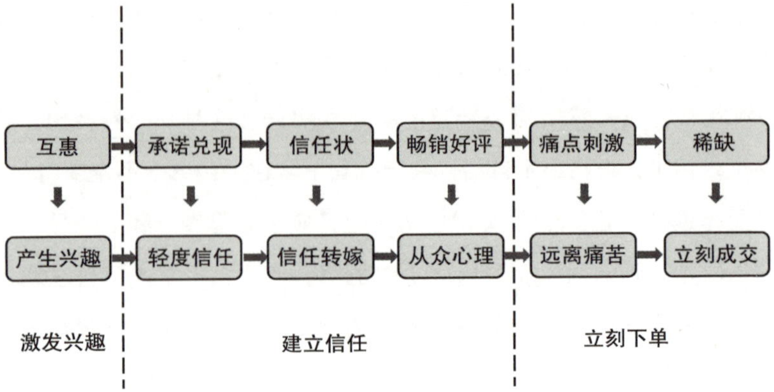

图 2-53

就这样从看到商品到最终下单了。这是一个完善的逻辑模型。在你做宣传页面的时候，是按照正常人的思考方式来做宣传页面，只要这个页面符合客户的购买行为逻辑，就能让客户买买买。

注意

1. 并非所有产品的宣传页面都需要用到陈勇转化六要素中的六个要素。比如，下一章讲的大案例中，有两个产品的宣传页中就没有使用六要素中的“痛点刺激”这个要素，是否需要使用全部六个要素取决于该产品的品牌调性、销售渠道等。

2. 陈勇转化六要素是个完善的理论模型，但是在各行业运用过程中需要做适配，并拿流量去测试。唯有不断地迭代，才能找到适合该行业的最佳运用形式。

稀缺的练习

写下自己推荐公司的产品或服务时如何运用稀缺	
稀缺的定义	稀缺一般指只有少部分人才能拥有的事物。
稀缺的作用	让人们产生紧迫感，促使人们立刻成交。
所处阶段	下单三步中的第三步：立刻下单。
稀缺的用法	在宣传产品或服务的过程中，不断呈现稀缺。
稀缺在推荐自己公司的产品或服务中的应用	

扫码关注公众号
回复 1，加本书作者陈老师私人微信号，交流营销、转化率有关的内容。
回复 2，获得提高转化率 PPT。

3

超级转化率的案例深度解析

本书第二章讲述了客户从看到商品到下单的三步**（激发兴趣—建立信任—立刻下单）**以及如何通过陈勇转化六要素**（互惠—承诺与兑现—信任状—畅销好评—痛点刺激—稀缺）**来促进客户一步一步往后面走，从而最终实现让客户下单。里面讲述了若干个案例，相信你已经从这些案例中感受到了这两套模型的细节和魅力。但是有不少人在看完很多细节之后还缺乏全局观，不知道如何利用下单三步法和陈勇转化六要素这两套模型策划一个产品或服务的宣传页，从而提高支付转化率。因此，本章精选了我进行营销咨询服务的三个已经过了保密期的大案例，涉及实物型（硬件型）产品和服务型产品。从流量类型上看涉及搜索流量和电商流量（天猫流量）。它们分别是支付转化率提升 44.52% 的猫王收音机案例、获取销售线索超过 1000 条 / 日的无忧保姆案例，以及月销量增长 13 倍的南孚电池迷你充电宝案例。

⚠ 注意

不是每个产品都需要把陈勇转化六要素全部用上，下单三步法中，建立信任里的承诺与兑现、信任状、畅销好评会反复交叉使用，但是大的思路依然是按照激发兴趣—建立信任—立刻下单的框架来走，只是具体执行的时候会依据项目本身的特点去做局部的适配，因此会有部分不一样，会把陈勇转化六要素拆分开使用。比如，猫王收音机项目就是通过激发兴趣(使用陈勇转化六要素互惠里的优惠) —建立信任(反复交叉使用陈勇转化六要素里的承诺与兑现、信任状、畅销好评) —立刻下单(使用陈勇转化六要素里的稀缺)这个流程来进行的。接下来就让我们一起进入这些项目的幕后，看我和项目方是如何通力合作，一步一步操作，把转化率提高的。

3.1 猫王收音机：支付转化率提升 44.52% 的精进之路

推广背景

说到猫王收音机，大家首先想到的是它的复古情怀和极具特色的外观设计。

猫王收音机是被誉为“胆机之父”的曾德钧老师创办的电子消费品品牌，曾四度获得美国 CES① 音响类设计大奖。猫王收音机的猫王小王子 OTR、原子唱机、随身听等系列产品都是匠心之作，产品一上市就受到广泛的好评。猫王收音机与言几又、顺电、亚朵、声音小镇等品牌达成合作，这些品牌的线下 2000 多家经营店都有猫王收音机的产品在展出和销售，并且猫王收音机也在天猫、京东等官

① CES（International Consumer Electronics Show），国际消费类电子产品展览会的简称。——编者注

方旗舰店进行线上销售。猫王收音机全系列产品线上线下销量超过 200 万台，这是一个已经被市场充分验证的品牌，在品牌、产品功能、售后服务等方面都非常棒。猫王收音机团队想把产品卖得更好，帮助更多的人提高生活品质，于是聘请我成为他们的营销专家。我于 2018 年 10 月开始帮助猫王收音机团队梳理产品卖点、策划天猫旗舰店猫王小王子 OTR 奥黛丽粉这款产品的详情页，帮助他们提高这款产品详情页的支付转化率。

图 3-1　猫王收音机小王子系列

产品卖点

我综合了产品研发团队、天猫后台生意参谋的数据、大量的客户评价，以及天猫的“问大家”内容之后，反复论证，最终确定这款产品的三个卖点：

好看：这款产品的颜值非常高，很多用户买完之后特意来评论区晒图，觉得产品特别可爱、精致，做工非常精良。我周围也有不少朋友买了，并且在朋友圈晒图。产品的用户反馈很好！

好听：这款产品既是收音机，也是蓝牙音箱，经过数千次调校，音质能达到高音通透、中音圆润、低音饱满的效果，高保真音质好到宠溺你的耳朵，很多用户出去旅行的时候会专门带上它放音乐。

好礼：从这款产品评论区的内容看，很多人买了自己用，觉得特别好，当成给自己的礼物，也会在一些特殊的日子送给朋友、老婆或婆婆，收到礼物的人也都很开心，用她们的话说，是“唤起了久违的少女心”。

下单三步及陈勇转化六要素拆解

第一步：激发兴趣，使用陈勇转化六要素的互惠

页面一开始介绍完产品的核心卖点后就写道“现在购买赠送专业定制复古手提箱（包邮）”，用这个利益点去激发消费者的兴趣。

第二步：建立信任，交叉反复使用陈勇转化六要素中的承诺与兑现、信任状、畅销好评

承诺与兑现中的承诺，需要的是消费者购买这类产品关注的点，同时也是产品的卖点。综合该产品来看，承诺与兑现就围绕着好看、好听、好礼这三个卖点展开。关键是，要让消费者相信好看、好听、好礼这三个承诺是真实存在的。先用承诺与兑现让人相信这三点是有一点点可信的（产生轻度信任），然后用信任状去进行信任转嫁，提高人们对这三个卖点的信任度，最后用畅销好评去验证前面提到的三个承诺，让信任度达到最高水平。由于

是三个卖点，因此需要交叉反复使用承诺与兑现、信任状、畅销好评。

第三步：立刻下单，使用陈勇转化六要素的稀缺

这个产品拥有很多专利，加上有 260 多个精密部件经过国际工业设计师有机组合，利用锌合金一体压铸而成的机身，研发和生产费用高，所以售价是 419 元，做活动的时候售价是 399 元。这个活动力度在经常网购的消费者看来并不大，但是赠送的专业定制复古手提箱的价值感就大很多。而对于非大件商品，网购人群的特点是这次不买，下次购买的可能性就极小，因此要用陈勇转化六要素中的“稀缺”，并且“稀缺”一般和互惠中的“优惠”一起使用，强调现在、立刻、马上购买才送专业定制复古手提箱。

页面需要解决的难题

- 让人相信好看、好听、好礼三个产品卖点是事实。
- 在优惠活动力度不大的情况下，让人立刻下单。

接下来看我和猫王收音机团队如何通力合作使用下单三步法和陈勇转化六要素去逐一破解这些难题。

案例详解

下单第一步：激发兴趣，使用陈勇转化六要素中的互惠

考虑到天猫的用户喜欢看图，大部分人喜欢占便宜，并且天猫的用户喜欢看评价，所以页面一开始就出现了产品的正面大图，下

面配上符合消费者利益点的营销语——现在购买赠送专业定制复古手提箱，还有引导从众心理的“全网159万用户好评”，从而去激发消费者的兴趣。如图3-2。

图3-2　猫王收音机奥黛丽粉天猫旗舰店产品页面图

下单第二步：建立信任，使用陈勇转化六要素中的承诺与兑现、信任状、畅销好评，解决好看、好听、好礼的问题

1. 总体展示

承诺与兑现的用法是上文做出承诺，下文做出常理上认可的实现承诺的保障措施+成功案例，所以在开始的时候就需要用到承诺。

由于猫王收音机创始人曾德钧老师研究音响领域32年了，因此产品详情页的主标题是：32年匠心好物。如图3-3。

三个卖点中，好看对应的是“颜值美物”，好听对应的是“高保真音质”、好礼对应的是“心动好礼”，也就是陈勇转化六要素里面的承诺与兑现中的“承诺”，而这三个卖点的兑现，在页面后面的内容中逐一做出解答。

图 3-3 猫王收音机奥黛丽粉天猫旗舰店产品页头图

2. 解决好看问题，使用陈勇转化六要素中的兑现和畅销好评

我们翻看了很多晒图评价，发现用户的晒图都很美，于是精选了 8 个用户评价放到页面上，美不美大家看用户晒图就知道了，并且在这个板块的右下角注明：以上图片和评价均为用户真实晒单，未经任何 PS。如图 3-4。

3. 解决好听问题，使用陈勇转化六要素中的兑现和信任状

由于这个产品拥有很多专利，包含涉及音质、收音、波段、旋钮、喇叭、外观等一共 11 项专利，因此用了“成就品质好物”这个文案。见图 3-5。

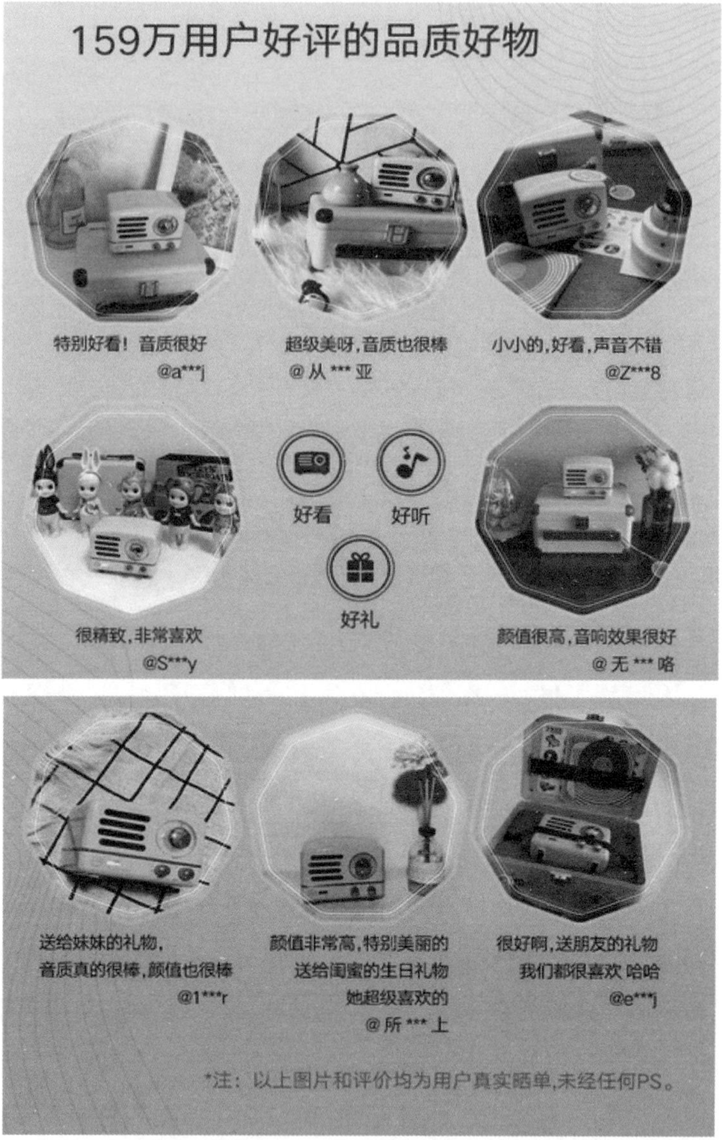

图 3-4　猫王收音机奥黛丽粉天猫旗舰店产品页用户晒单板块

图 3-5　猫王收音机奥黛丽粉天猫旗舰店产品页专利证书板块

其中：

- 音质、喇叭等专利对应了好听，也就是“高保真音质”这个承诺。
- 外观专利对应了好看，也就是“颜值美物”这个承诺。

什么情况下人们会认为是好听？当然是有相关大师参与、音乐有层次感。

这款产品既是收音机，又是蓝牙音箱，发声很关键，经过 32 年胆机（俗称天籁音乐放大器）大师高达千次调校，终成高音通透、中音圆润、低音饱满的效果，高保真音质好到宠溺你的耳朵。如图 3-6。

图 3-6　猫王收音机奥黛丽粉天猫旗舰店产品页音质板块

4. 解决好礼问题，使用陈勇转化六要素中的兑现

体现礼品属性用场景图最好，什么样的场景能很好地体现送礼这个卖点？当然是生日的场景，一般生日派对中都会涉及送礼。于是详情图配文便是：心动好礼，喜欢又实用。而送礼的时候有个潜在的心理诉求是对方能经常想起你，这样让你和对方的关系更紧密，所以配文：朋友一看到“她”就能想起你。

用大的细节图来表现专业定制复古手提箱的品质，并且说到送礼，就需要把行动号召引出来，这时候就顺其自然地使用了陈勇转化六要素中的“稀缺”要素。如图 3-7。

图 3-7　猫王收音机奥黛丽粉天猫旗舰店产品页限时活动“稀缺”板块

下单第三步：立刻下单，使用陈勇转化六要素中的稀缺

然后在结束时将卖点再重复一遍，相当于把承诺又隐性地带出，见图 3-8。最后用具体的评价把上面的承诺再兑现一次，见图 3-9。

图 3-8

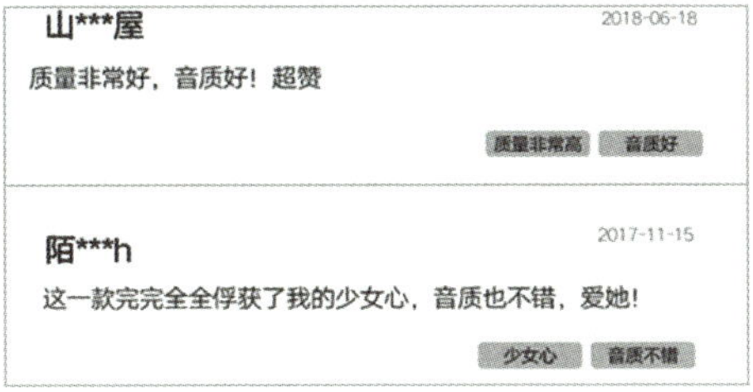

图 3-9　猫王收音机奥黛丽粉天猫旗舰店产品页客户评价板块

整个产品详情页按照这样的思路策划下来，证明了前面提到的产品好看、好听、好礼这三个卖点是真实存在的，并且在优惠活动力度不大的情况下，实现了让顾客立刻下单。

因为是网购，又是电子类产品，所以关于售后疑问少不了。比如，什么时候发货、能不能退货、保不保修等一系列售后问题，详情页在 Q&A 上统一做出解答，并且运用图标形式，让人一目了然。如图 3–10。

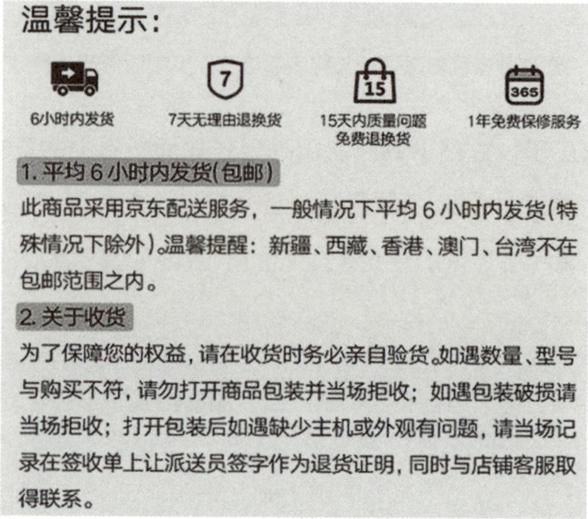

图 3–10　猫王收音机奥黛丽粉天猫旗舰店产品页 Q&A 板块

转化率数据

这个项目执行过程中曾经历了两次大的改版，改完的第一版页面和前面所讲内容不太一样，但在改完第一版页面上线数据出来后，我们发现有些文案和配图都不是非常好，于是重新修改了文案，并且去图片基地拍了一些图，最后在运营和设计的通力配合下，才有了上述最终文案和图片。最后上线第二版（和上面所讲内容一致），监控了一段时间的数据，显示支付转化率上涨44.52%。

页面的支付转化率提高后，要提高销量，只需要增加广告投放，买天猫的直通车流量即可。

注意

营销表面上是很精彩的事，其实营销需要多个岗位的不断配合。拿猫王收音机这个营销咨询项目来说，涉及产品研发、摄影、设计、天猫直通车（天猫平台的搜索类广告）的投放、店铺运营等岗位。猫王收音机这款商品详情页的精进之路有哪些呢？列举一个数据大家就知道了：图片和文案（包含顶部轮播图）一共经历了大大小小共计32次修改。如图3-11。优化迭代上线两个版本。这就是最后支付转化率上涨44.52%的原因。

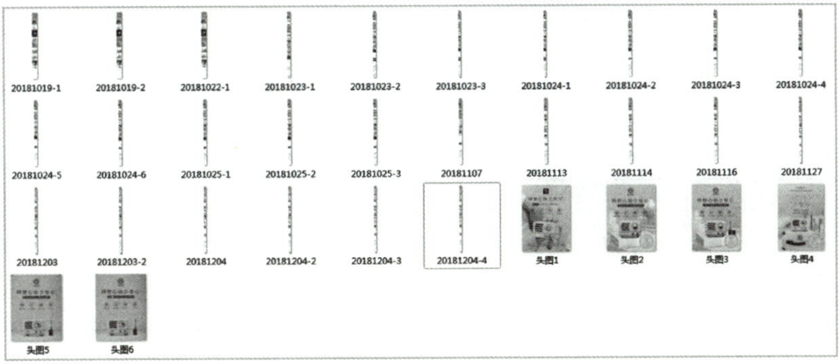

图3-11　猫王收音机营销咨询项目商品详情图修改过程截图

我再列举一张布局和文案修改的对比图，大家就知道细节有多么重要。如图 3–12、图 3–13 所示。

- 主标题：怦然心动少女心→ 32 年匠心好物
- 畅销好评：159 万生活美学达人选择的小确幸→全网 159 万用户好评
- 主卖点：颜值美物、音乐闺密、掌心天籁、心动好礼→颜值美物、高保真音质、心动好礼
- 第一版为了体现这款产品的小巧，我们在旁边配了一款口红，但发现会分散消费者的注意力，并且后面的很多场景图中能体现产品的大小，因此在改后的第二版中将口红去掉了。

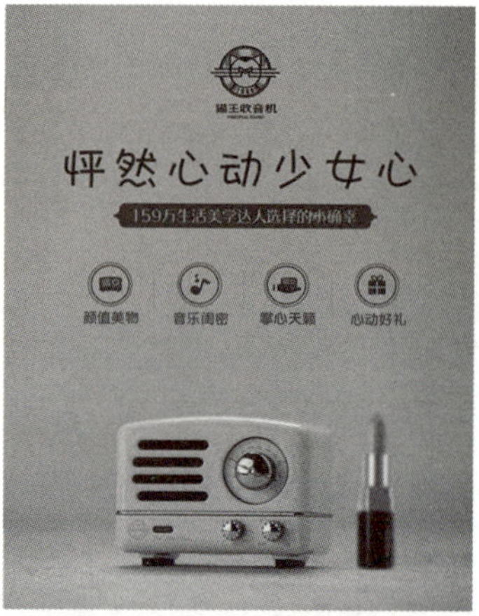

图 3–12　改后第一版首图

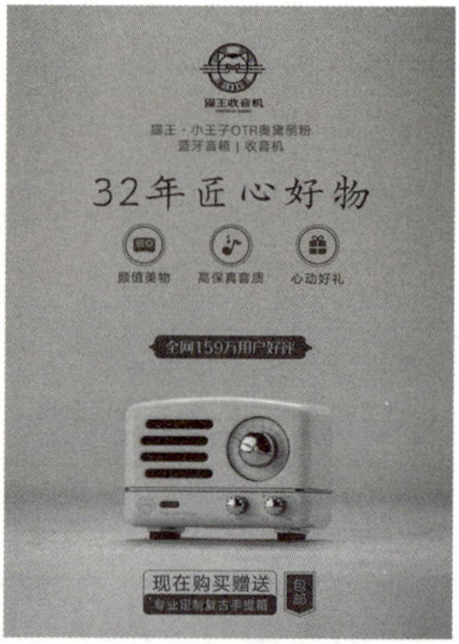

图 3–13　改后第二版首图

很多朋友看到我在朋友圈晒图之后，就去猫王收音机的天猫旗舰店买小王子奥黛丽粉这款好产品送朋友。特别是我周围有很多从事程序开发的朋友，遇到女朋友或媳妇过生日，不知道送什么礼物

的时候，看到我的宣传，觉得买这款商品就对了。还有很多女性朋友买这款商品作为完成某个目标奖励自己的礼物，所以这款产品的礼物属性越来越明显。是不是看完这个案例，你也会按捺不住买这款商品送给自己和朋友呢？

注意

1. 出于对保密条款的尊重和咨询工作的特殊性，书中只写了猫王收音机这个营销咨询合作项目的部分营销方法，还有部分营销方法不能对外公布。
2. 转化率的提升，需要好的方法加上很强的执行力和项目管理，这就是为什么做咨询项目的时候，需要先通过培训提升团队的整体营销认知，然后写营销实施方案，最后再指导整套营销实施方案的具体执行，只有这样，才能保障转化率的提升。**保证过程的可控，才能保证结果的可控。**你也可以在微信公众号陈勇营销专栏(ID：cy-yingxiao)中发送1，加我的私人微信号交流营销中过程控制和结果控制问题。

3.2 无忧保姆：转化率提高 1750% 的增长实操方法

推广背景

我在给南孚电池、清华紫荆教育、花点时间等公司提供营销咨询服务，并且帮他们提高了转化率之后，2017 年 7 月我的朋友无忧保姆创始人陶睿找到我，说我一直帮助其他家公司提高广告投放转化率，老朋友的问题得帮一下。我一问才知道他们公司遇到了广告投放转化率不高的问题。

无忧保姆成立于 2008 年，经过 9 年的发展，在全国 20 多个城市拥有 100 多家直营店，共有 41 万家政服务人员，涵盖保姆、月嫂、育儿嫂、小时工、护工等各种家政服务，累计为 70 多万客户提供过家政服务，还有很多客户来自转介绍，所以服务的客户在体验上没有问题，但是公司在广告投放的转化上有问题。2017 年无忧保姆一年在搜索类广告（百度、360、搜狗等 SEM 广告）和信息流类广告

（神马、今日头条等信息流广告）上一共要花费上千万元的广告投放费用，但是创始人觉得他们公司广告投放转化率有提升的空间。陶睿也是理工男，之前在全球最大的企业级软件公司之一 Oracle（甲骨文）任职，对数据很敏感，后来在自家请保姆的过程中发现这个行业鱼龙混杂、从业人员良莠不齐、服务不规范等问题，于是创业做了无忧保姆。

我们想想，假如一年的广告投放费用是 1500 万，其他转化率不变的情况下（假如号码至到场的转化率不变、到场至成交的转化率不变），从广告投放的点击到销售线索（有请家政保姆需求的潜在客户在网站上留下的号码）转化率提升 50%，那么就会多 50% 的号码，销售额也会相应提高 50%；而如果今年保姆数量不会增加很多，新增客户量不变的情况下，原来 1500 万的广告投放的费用，减少到 1000 万就能完成相同的业绩，便足足省了 500 万的广告费。这就是为什么有人说转化率是公司的生命线。我看了他们的投放账户和落地页之后，觉得转化率提升空间很大。在经过前期充分沟通，确认了创始人陶睿做这件事的决心以及团队的执行力也没问题的情况下，我接受了他们的邀请，成为无忧保姆的营销咨询顾问，为他们做一期营销咨询，帮他们提高搜索广告和信息流广告投放的转化率。

产品卖点

从客户的需求出发来找产品的卖点。想想自己家请个保姆会关心哪些问题，请将自己请保姆时关心的问题写下来（最多写 6 个）：

①____________________ ②____________________

③____________________ ④____________________

⑤____________________ ⑥____________________

写好问题后，继续往下面看，你的问题是不是属于以下这些：哪里人、口音是否能听懂、能做哪些事、工资多少、是否爱干净、婚姻状况（客户都倾向找已婚状态的保姆）、有没有健康证、之前雇主对她的评价怎么样、有没有犯罪记录等。你看，自己坐在那儿想，会冒出一堆问题，但是这些问题真的是大多数客户选保姆时关心的问题吗？客户到底关心哪些问题，这得做专业的调研，分析数据后才能知道。

我从无忧保姆的在线客服与客户最近 3 个月沟通次数比较多的前 100 名客户的聊天记录中做了一个汇总，具体情况如下：

表 3-1 无忧保姆在线客服与沟通次数比较多的前 100 名客户聊天记录统计

（单位：人）

问题类型	客服回复及时性	保姆工资	其他	家庭需求是否满足	对保姆的要求	售后	门店实体店就近门店地址安排	公司收费咨询
总计	12	42	35	35	15	11	22	12

从统计的数据来看，客户在线咨询时问的比较多的问题依次是：保姆工资、附近是否有门店、对保姆的要求、客服响应速度、公司收费、售后服务等。

而在无忧保姆微信公众号里做的问卷调研，一共有 299 人参与，问卷的第一题：现在您对保姆的首要标准是什么？

客户的选择具体如下：

占比最高的是品行良好（占比 35%）、安全性（占比 21%）、尽职尽责（占比 20%），这三点加起来就占到了 76%，而这三点都可以体现在保姆平台对保姆的监管上，只要保姆平台对保姆的监管到位，这些问题都会解决。最后，综合百度广告投放后台关键词规划师工具和其他调研工具的数据来看，客户选保姆的时候考虑的几大点分别是：安全、保姆的工作能力、售后服务。

这样基于客户需求的卖点就梳理出来了，把无忧保姆整个落地页按照人们选保姆服务时最关心的几个问题一一对应上，并且套用下单三步法和陈勇转化六要素，最后的广告投放转化率自然就会提高。由上面分析无忧保姆的卖点就很清晰了：

安全有保障：无忧保姆成立于 2008 年，经过 9 年的发展，在全国 20 多个城市拥有 100 多家直营店，在行业里是大品牌，并且 41 万家政服务人员来源清晰、有六重安全认证，确保安全有保障。

保姆工作能力强：无忧保姆的 41 万家政服务人员，涵盖保姆、月嫂、育儿嫂、小时工、护工等各种家政服务，并且这些家政人员在上岗前经过了专业的培训，工作能力达标。无忧保姆还连续三届获得了家政服务大赛的奖项，你想要的工作能力强的保姆这里都有。

售后服务好：在整个服务期间，无忧保姆为每位客户提供专属客服，如果客户对目前的保姆不满意，服务期内可以帮客户免费无限次更换同城同类型的保姆，确保客户售后无忧。

下单三步及陈勇转化六要素拆解

第一步：激发兴趣，使用陈勇转化六要素中的互惠

页面首屏[①]就写了“填写手机号即有机会获得200元家政红包”，用这个利益点去激发消费者的兴趣，引导他们往下一步走。

第二步：建立信任，交叉反复使用陈勇转化六要素中的承诺与兑现、信任状、畅销好评

我在本书第二章《承诺与兑现：让客户产生轻度信任的技巧》一节里写到承诺与兑现中的承诺，需要的是消费者买这类产品或服务关注的承诺。比如，消费者关心安全，那就要承诺如何保障安全；消费者关心价格，那就要承诺价格上的优势。综合家政服务来看，承诺与兑现就围绕着安全有保障、保姆工作能力强、售后服务好这三个卖点展开。关键是要让消费者相信你有能力实现安全有保障、保姆工作能力强、售后服务好这三个承诺。先用承诺与兑现让人相信这三点是有一点点可信的（轻度信任），然后用信任状去进行信任转嫁，提高人们对这三个卖点的信任度，最后用畅销好评去验证前面提到的三个承诺，让信任度达到最高水平。由于是三个卖点，因此需要交叉反复使用陈勇转化六要素中的承诺与兑现、信任状、畅销好评。

第三步：立刻下单，使用陈勇转化六要素中的稀缺

客户选家政服务是重消费决策的过程，需要考虑到全家人的感

---

① 首屏即我们从电脑或手机上打开某网址看到的第一屏。——编者注

受，一般对价格不是特别看重。假如价格过低或者赠送的东西（无论是实物还是服务）太多，反而会让客户不太敢相信这个保姆平台。所以重点要放在客户关心的安全是否有保障、家政服务人员的工作能力是否强、公司的售后服务是否好这三个卖点上。让消费者足够相信你这个家政平台能提供靠谱的保姆和靠谱的售后服务。最后用陈勇转化六要素中的稀缺原则，并且稀缺一般和互惠中的优惠一起使用，强调现在预约，送 10 元家政红包，并且签约客户送 200 元家政红包（每天仅限前 50 名）。

页面需要解决的难题

- 让人相信家政公司的安全性和保姆的安全性。
- 请家政服务人员是重消费决策，因此页面上要体现的内容就比较多，既要让男性客户看了满意，还需要让女性客户看了满意。

接下来看我和无忧保姆团队如何通力合作，巧妙使用下单三步法和陈勇转化六要素去逐一破解这些难题。

案例详解

下单第一步：激发兴趣，使用陈勇转化六要素中的互惠

可能很多人会想，既然客户请家政保姆是一种服务，第一张图应该放保姆打扫卫生或者洗碗的图比较好。但是要注意，正是因为请家政保姆是一种服务，不是实物，并且不知道客户需要的是保姆、月嫂、小时工还是护工，因此第一张图不能出现服务的场景。而且家居打扫卫生的图需要显示家庭场景，那页面上势必会出现很多家

居用品，这会分散客户的注意力。此外，客户是通过搜索渠道（百度、360、搜狗等）进入落地页找保姆家政服务的，因此要直奔主题。我和无忧保姆团队最终决定通过填写手机号、马上抢 200 元家政红包，来激发客户的兴趣。如图 3-14 所示。

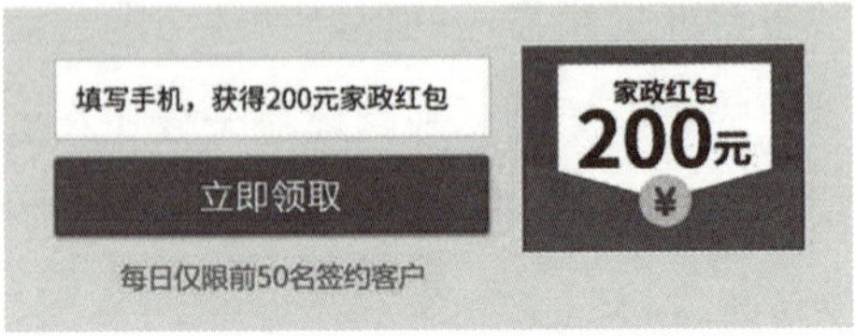

图 3-14 无忧保姆落地页限时活动“稀缺”板块截图

下单第二步：建立信任，使用陈勇转化六要素中的承诺与兑现、信任状、畅销好评，解决安全有保障、工作能力强、售后服务好等问题

1. 总体展示

承诺与兑现的用法是上文做出承诺，下文做出常理上认可的实现承诺的保障措施 + 成功案例，所以在开始的时候就需要用到承诺。

由于无忧保姆成立于 2008 年，因此落地页的主标题是：专注家政服务 9 年，并且这个主标题也侧面对应了安全有保障这个客户诉求。三个卖点中，“来源清晰”和“六重安全”对应的是客户要求的安全有保障。因为工作能力强不好用具象化的词来表达，而保姆多意味着客户需要什么工作能力的保姆都会有，因此用“41 万保姆”对应客户要求的工作能力强。“服务无忧”对应的是客户要求的售后服务好，也就是陈勇转化六要素里面的承诺与兑现中的“承诺”。而这三个卖点的兑现，在页面后面的内容中给出了解答。

此外，客户还会担心保姆的稳定性问题，所以用到“已帮助 721258 个家庭找到稳定的家政人员”。暗示客户公司已经帮助 721258 个家庭找到稳定的家政人员了，您家当然也没有问题。如图 3–15。

图 3–15　无忧保姆落地页首图板块部分内容截图

2. 解决安全有保障问题，使用陈勇转化六要素中的兑现和信任状

还记得本书第二章《信任状：信任转嫁的秘密》这一节的内容吗？资质和证书就是一种信任状（图 3–16），我们在看到荣誉墙的时候就会觉得这个公司不错。这就像很多公司会在公司入口

图 3–16　无忧保姆落地页首图板块信任状内容

展出很多公司获得的荣誉一样，让人觉得这个公司很优秀。何况无忧保姆还是中国家庭服务业协会的会员单位和全国家政服务协会团体会员单位，有信任状会让人相信在家政服务这个领域他们是专业的。

无忧保姆专注家政服务9年，在全国23个城市由总部统一管理116家自营店。之所以用“自营店”，而不是“直营店”，是因为“自营店”比“直营店”更值得客户信赖。然后在地图上有自营店的城市插上小红旗，且强调“专注家政服务9年”，就能让客户觉得无忧保姆是个大品牌，安全应该没问题。

每个家政人员录入资源库之前进行婚姻状况、配偶情况、子女状况、亲属关系四项社会关系调查，确保家政人员来源清晰。此时你的心里是不是开始觉得安全有一定的保障了？如图3-17。

图3-17　无忧保姆落地页保姆背景调查板块

无忧保姆有保姆身份证认证、保姆身体健康体检、保姆信用记录查询、服务技能培训、保姆紧急联系人备案等六重安全保障，确保安全无忧！此时你的心里是不是觉得安全更有保障了？如图3-18。

图 3-18　无忧保姆落地页安全保障板块

请注意以上两张图中没有使用保姆真人图片也是有所考量。因为看到这个页面的有一部分是女性客户，如果你放一个长相赏心悦目的保姆照片在上面，女性客户有可能会觉得家里请这样的保姆对自己是一个潜在的危险；而放一个特别真实的保姆照片，客户不仅没有任何感觉，甚至可能有反效果。因此最好的方法是放一个保姆的卡通形象上去，而不是真人图。

3. 解决工作能力强问题，使用陈勇转化六要素中的兑现

前面提到保姆工作能力强是不好具象表现出来的，而保姆数量多，各种服务类型的保姆都有，总能找到自己想要的保姆可以体现，并且落地页一开始就讲到“41 万保姆”的承诺，因此在这一屏就是

兑现了。无忧保姆在全国共有 41 万家政服务人员，其中三年以上经验占比高达 71%，涵盖保姆、月嫂、育儿嫂、小时工、护工等，精确匹配，总有一个适合您。并且配图是一个人坐在电脑前选保姆的场景，感觉就像有海量保姆随便你去挑。如图 3–19。

图 3–19 无忧保姆落地页家政人员数量多板块

接着，把保姆的类型通过对应的场景更加具象地表达出来，让客户直接去选。如图 3–20。

图 3-20　无忧保姆落地页家政种类齐全板块

4. 解决售后服务好问题，使用陈勇转化六要素中的兑现

页面一开始的承诺中有个“服务无忧”，承诺与兑现相呼应，所以就出现了“服务期内为您配备专属 1 对 1 客服，如您需要，可以帮您免费无限次更换同城同类型保姆，保您服务无忧！”的文案，并且配图是专业客服的照片外加 3 个图标，也就是后面兑现了前面承

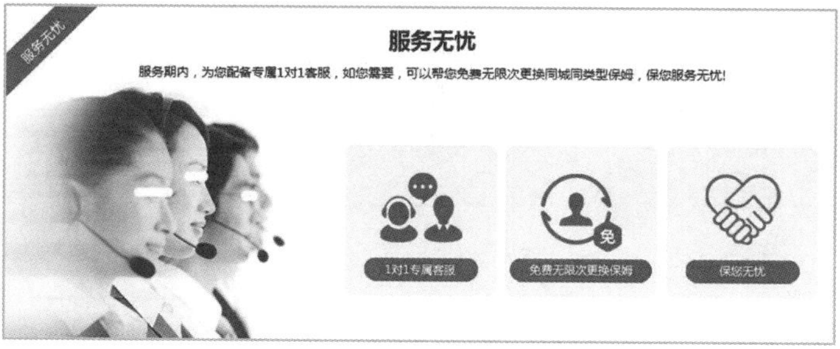

图 3-21　无忧保姆落地页服务无忧板块部分截图

诺的服务无忧。如图 3–21。

5. 再次验证前面的三个问题，使用陈勇转化六要素中的畅销好评

门店多、名气大、安全有保障、服务好、人品好、客服有耐心、来源很清晰、做事麻利、尽职尽责、靠谱等客户印象都包含客户选保姆最关心的三个点：安全有保障、工作能力强、售后服务好，并且照片里还特意选了带锦旗的照片，强调客户对服务满意。最后在每个评价的下方顺势推出行动号召“马上领取 200 元家政红包”。

下单第三步：立刻下单，使用陈勇转化六要素中的稀缺

很安全、评价赞、实力强、服务好、性价比高、保姆多、机构大，用这些带有形容词的标签短语来把前面的内容提纲挈领地总结一下。肯定价值之后，再使用稀缺——“现在预约送 10 元家政红包，签约还送 200 元家政红包（每天仅限前 50 名签约客户）”。（图 3–22）

图 3–22　无忧保姆落地页限时活动板块

整个落地页看下来，一气呵成，把客户选保姆关心的问题都解决了。你看了之后是不是也想着从无忧保姆平台预约个保姆，解放家人和自己的时间？

转化率数据

无忧保姆这个项目的营销咨询工作前后持续了三个月，SEM 搜索渠道落地页改版两次，信息流渠道落地页改版一次，上线监控了一段时间数据之后，最终确定 SEM 渠道投放转化率提高 51.5%，信息流渠道投放转化率提高 1750%。转化率提高之后他们开始加大广告投放的力度，去获取更多的客户。

⚠ 注意

上面案例详解的是无忧保姆SEM搜索渠道业务词落地页内容，信息流渠道的投放逻辑和SEM搜索渠道的投放逻辑不同，搜索渠道重点解决为什么选"我"的问题，重在引导；而信息流渠道重点解决为什么要这个产品或服务的问题，重在引诱，所以落地页的策划逻辑也完全不一样。另外，搜索的页面可以长达20屏，但是转化率高的信息流落地页一般都在3屏内，因为信息流用户的耐心是极差的，对方没有找保姆的需求，你要引导对方产生请保姆的需求，所以两者落地页的策划逻辑不一样。受限于本书的框架，此处就不展开去讲，今后有时间再去写一本专门关于信息流广告投放优化的书，大家可以关注微信公众号【陈勇营销专栏】了解最新信息。

出于对保密条款的尊重和咨询工作的特殊性，书中只写了无忧保姆这个营销咨询合作项目的部分营销方法，还有部分营销方法不能对外公布。

3.3　南孚迷你充电宝：数据驱动月销量增长 13 倍的案例深度解析

写在该项目前面的话

感谢你有足够的耐心和兴趣看到最后一个大案例，之所以选操盘的南孚迷你充电宝为最后一个大案例，是因为绝大部分人都买过充电宝，对这个过程相对熟悉。还有一个原因是因为这款产品是不能直接满足客户需求的产品，需要转化一下客户需求，而我们生产的产品或多或少与客户的真实需求有一定的背离，这个时候该怎么办？相信这个案例会给你启发。

大家看案例的时候要注意：原理比案例更重要。如果你掌握了原理，大概率来说做什么项目都行，先去了解别人是怎么做项目的，然后学习怎样将这个案例的做法套用到自己的项目中。还有一点特别重要：不要完全套用。假如你也是做充电宝项目，你把我这个案例的做法套用到你自己做的充电宝项目上，基本都会失败。原因很简单，因为你不知道南孚迷你充电宝案例背后有多少调研和数据支撑，你的产品和南孚迷你充电宝是不一样的；另外，你的品牌价值也和南孚的品牌价值不是一个量级，贸然去套用，失败不可避免。当你做产品营销，提高转化率的时候，需要用另外的营销策略组合才能把产品卖成爆品。

我在做大多数营销咨询项目的时候，都会按照以下四个步骤去做：

1. 需求分析和引导

因为我要负责的产品有可能不是客户直接需求的产品，怎样转化客户需求，让他们购买我负责的产品，这个时候就显得很重要。如果是直接满足客户需求类产品，那就更好办了。

2. 策划落地页

落地页可以简单地理解为在天猫或京东上的一个商品详情页，或通过百度访问到官网上的一个服务介绍页或产品介绍页，你如果能通过这个落地页去引导客户一步一步往下走，并且能打消消费者的各种购买疑虑，让他立刻下单，提高支付转化率和销售额，这就是一个很棒的落地页。

3. 流量导入

当你提高了转化率之后，要导入大量的流量。为什么要导入大量流量？如果你想把销量做高，业绩做大，就需要在高转化率的基础上同时有充足的流量支持。我把流量划分为站内流量和站外流量，还有免费流量和付费流量。把这些流量组合起来使用，才能发挥更大的作用，并且抵御市场风险的能力才会更强（因为你不再依靠单一的某一种流量）。当我把前面三步做好了，这个项目基本上就相对成熟了，这时候进入第四步。

4. 数据分析和持续优化

这样才能把转化率优化得更高，销量也就自然会更高。

接下来，看南孚迷你充电宝项目是怎么做起来的。

推广背景

提到南孚，映入大家脑海的都是南孚电池以及南孚电池的“一节更比六节强”的广告。南孚的产品特别棒，在电池这个领域是第一品牌。其实南孚除了生产我们平常熟知的各种型号的电池之外，还有其他产品线。2015年下半年南孚经过调研发现，大家对目前市面上的充电宝有很大的抱怨，太大、太重、不方便携带，甚至将充电宝戏称为“砖头”和“护身神器”。消费者有抱怨的地方，说明需求没有被满足，这就存在商业机会，于是南孚开始研发一款特别小巧的充电宝，试图在“充电宝”这片竞争激烈的红海市场里打造一个“迷你充电宝”的蓝海市场。他们能成功吗？

图3-23　南孚迷你充电宝产品图

2016 年产品研发出来后，在南孚电池的天猫官方旗舰店开始销售。在没有购买流量的情况下，靠官方旗舰店的自有流量也能卖出一些，并且从该产品的用户评价上来看，这款产品得到了消费者的认可，这增加了南孚要投入更多资源去推广这款产品的信心。但是，后来南孚发现花了一笔钱购买天猫直通车的流量将消费者导入商品详情页去交易的时候，支付转化率并不高。他们通过朋友找到我，经过前期的沟通，我看了天猫店这款产品的各项数据和天猫数据后台生意参谋里充电宝这个品类的大盘数据之后，决定接受南孚的邀请，开始给南孚做营销专家顾问，帮他们提高这款产品的天猫店支付转化率。整个营销咨询的流程为：企业内训（给南孚的大市场团队培训“提高销售转化率五步法”和“营造品牌搜索环境促进成交”课程）→撰写营销方案（实施方案要具体到商品详情页的全部文案以及相关导航栏的设置）→指导落地实施营销方案。

整套营销方案涉及项目综述（包含项目背景、现状，以及亟须解决的问题）、用户分析和产品分析（包含已经购买用户的调研和潜在客户的调研，以及产品对客户价值的深度挖掘）、第三方电商平台策划（包含天猫官方旗舰店整体改版、迷你充电宝商品详情页文案策划、天猫站内排名优化，以及移动端促进客户下单的技巧）、售前咨询优化（包含售前咨询话术原则、常用话术优化等）、品牌环境营造（包含应该给客户传递哪些信息以及线上线下品牌环境营造等）、整套方案实施步骤及注意事项，共计 97 页营销实施方案，其目录见图 3-24。接下来，看看这项目是如何做的。

目录

图 3-24 作者为南孚电池迷你充电宝项目撰写的营销实施方案目录

产品卖点

在很多人看来，2016 年才进入充电宝这个市场太晚了，市场上已经有了头部品牌，但是南孚要切入的是迷你充电宝这块细分市场，动作快的话，还是有机会的。

在现代社会，充电宝基本上是生活中的必需品，大部分人都有过买充电宝的经历。从客户的需求出发来找产品的卖点，想想自己买充电宝会关心哪些问题：多大、多重、能充多少电、安不安全、什么品牌、能不能带上飞机、颜值如何等。但是这些问题真的是大多数客户买充电宝时关心的问题吗？客户到底关心哪些问题，这得做专业的调研，分析数据后才能知道。需要注意的是，咨询项目的第一步是客户需求分析，不能仅仅考虑以我们的主观意愿来做，要“无我”，只有做到“无我”才能不带主观感情色彩来客观分析问题。这是一个商业项目，公司投入大量的钱去研发产品，然后将其投入市场，必须有详细的数据来做支撑，才能确定要怎么做更好。

由于是提高天猫旗舰店该款商品的支付转化率，于是我从天猫数据后台生意参谋里面调出来了与充电宝匹配的关键词数据。见表3–2。

表 3–2

排名	搜索词	搜索人气	商城点击占比	点击率
1	充电宝	168647	75.54%	77.71%
2	充电宝 50000 毫安	78148	34.24%	70.05%
3	移动电源	64470	73.15%	79.55%
4	充电宝 20000 毫安	55632	69.40%	74.28%
5	充电宝可爱	42135	51.44%	75.24%
6	小米充电宝	41124	84.28%	80.79%
7	充电宝超薄	36994	73.92%	74.50%
8	太阳能充电宝	36254	34.94%	84.03%
9	罗马仕充电宝	34580	75.29%	73.17%
10	充电宝 通用	31984	65.89%	72.19%
11	充电宝 50000 毫安 太阳能	3716	20.25%	66.91%
12	品胜充电宝	31463	76.64%	67.87%
13	罗马仕	28514	89.12%	97.81%
14	充电宝 苹果专用	26509	71.61%	65.44%

续表

排名	搜索词	搜索人气	商城点击占比	点击率
15	罗马仕充电宝 20000 毫安	24316	58.44%	71.88%
16	苹果充电宝	22390	73.86%	62.66%
17	充电宝 小米	20926	75.18%	65.71%
18	手机充电宝	20116	76.44%	67.92%
19	充电宝 便携	19966	67.50%	73.00%
20	超薄充电宝	18203	75.97%	70.70%
21	充电宝 20000	17959	81.75%	80.57%
22	爱国者充电宝	17782	94.21%	73.87%
23	背夹充电宝	17712	58.73%	65.69%
24	充电宝 10000 毫安	17106	80.26%	74.72%
25	羽博充电宝	16965	84.33%	65.27%
26	爱国者	16056	98.48%	112.74%
27	羽博	15577	93.38%	82.14%
28	小米充电宝 20000 毫安	15525	64.68%	59.54%
29	充电宝 50000 毫安 智能	14616	23.46%	69.13%
30	华为充电宝	14607	66.64%	70.59%
31	飞毛腿充电宝	14310	79.40%	68.72%
32	太阳能	14285	37.71%	35.55%
33	精灵球充电宝	14084	14.48%	80.17%
34	OPPO 充电宝	14006	24.58%	70.44%
35	无线充电宝	13754	47.65%	51.62%

续表

排名	搜索词	搜索人气	商城点击占比	点击率
36	充电宝 20000 毫安 苹果	13670	57.27%	62.73%
37	充电宝 移动电源	13605	73.00%	69.95%
38	移动电源 20000 毫安	13586	74.09%	77.19%
39	小米移动电源	13529	89.07%	91.66%
40	充电宝 50000 毫安 大容量	13477	15.69%	67.87%
41	迷你充电宝	13053	64.67%	77.39%
42	充电宝	12933	74.84%	64.92%
43	vivo 充电宝	12645	15.92%	71.17%
44	充电宝 20000 毫安 华为	12335	15.00%	67.24%
45	移动电源 超薄	12178	77.95%	78.69%
46	可爱充电宝	12176	47.84%	69.11%
47	卡通充电宝	11871	32.62%	78.81%
48	充电宝 罗马仕	11858	69.01%	69.83%
49	太阳能充电器	11410	15.79%	69.05%
50	移动电源 充电宝	11128	76.27%	74.97%

注：当时一共从淘宝和天猫管理后台生意参谋里查出了与充电宝有关的 500 个关键词数据，受限于篇幅，此处展现按搜索人气排序的排名前 50 的关键词数据。

从数据上看，排名第一的是“充电宝”这个词，搜索人气达到了 168647；排名第二的是“充电宝 50000 毫安”，搜索人气是 78148；第三名是“移动电源”，搜索人气 64470；第四名是“充电宝 20000 毫安”，搜索人气是 55632；第五名是“充电宝可爱”，搜索人气是 42135。

我们通常认为 10000 毫安的充电宝已经够用了，但是上述数据表中的数据告诉我们，跟电量有关人气最高的关键词是“充电宝 50000 毫安”，所以大家都是“用电大户”啊！从搜索人气排名前 50 的数据来看，大家关心的是充电宝的品类、品牌、电量、特性（可爱、超薄、便携等）。

为了减少干扰项，并让数据有一定的科学性，我们截取了搜索人气排名前 20 的关键词，见表 3–3。

表 3–3

排名	搜索词	搜索人气
1	充电宝	168647
2	充电宝 50000 毫安	78148
3	移动电源	64470
4	充电宝 20000 毫安	55632
5	充电宝可爱	42135
6	小米充电宝	41124
7	充电宝超薄	36994
8	太阳能充电宝	36254
9	罗马仕充电宝	34580
10	充电宝 通用	31984
11	充电宝 50000 毫安 太阳能	31716

续表

排名	搜索词	搜索人气
12	品胜充电宝	31463
13	罗马仕	28514
14	充电宝 苹果专用	26509
15	罗马仕充电宝 20000 毫安	24316
16	苹果充电宝	22390
17	充电宝 小米	20926
18	手机充电宝	20116
19	充电宝 便携	19966
20	超薄充电宝	18203

我将排名前20的关键词数据进行合并同类项以及排序，见表3–4。

表 3–4

排名前 20 关键词合并同类项		
关键词类别	总搜索人气	关键词个数
品类有关	370370	7
容量有关	189812	3
品牌有关	156607	4
特性 – 超薄	55197	2
特性 – 可爱	42135	1
特性 – 便携	19966	1

处理成更直观的柱状图，见图 3–25。

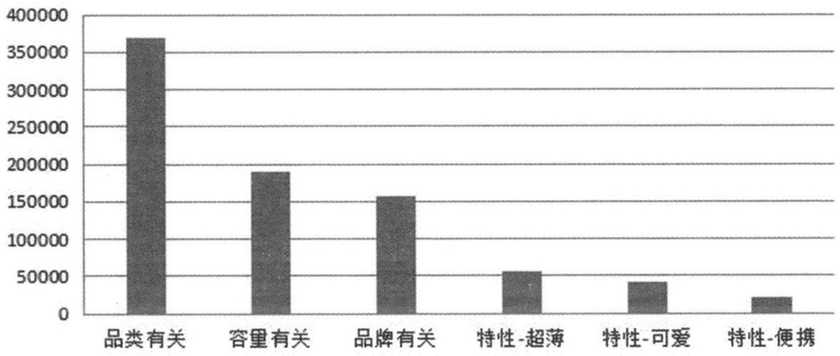

图 3–25

从上表统计的数据来看，大家买充电宝关心的问题，从高到低依次是：品类、容量、品牌、特性－超薄、特性－可爱、特性－便携。

大家要注意这些特性，可爱、超薄、便携，认真想一下这些词背后的需求，所谓“便携”不就是小吗？所谓“超薄”可以理解为另一种形式的小。大的东西基本上和“可爱”沾不上边，因此也可以理解为小的一种形式。最终我们将可爱、超薄、便携理解为一个很通俗的词——迷你。后来我们给产品取名字的时候就叫南孚迷你充电宝，因为它确实很小巧，和口红差不多大，也就是把特性－超薄、特性－可爱、特性－便携合到一起称为迷你，转化为饼状图形式。见图 3–26。

从饼状图可以看出，第一名是品类有关，占比 44.4%；第二名是容量有关，占比 22.76%；第三名是品牌有关，占比 18.78%；第四名是迷你，占比 14.06%。因为已经确定买充电宝了，这时候品类已经没有意义了，所以把品类去掉，我们看看去掉品类后的饼状图。见图 3-27。

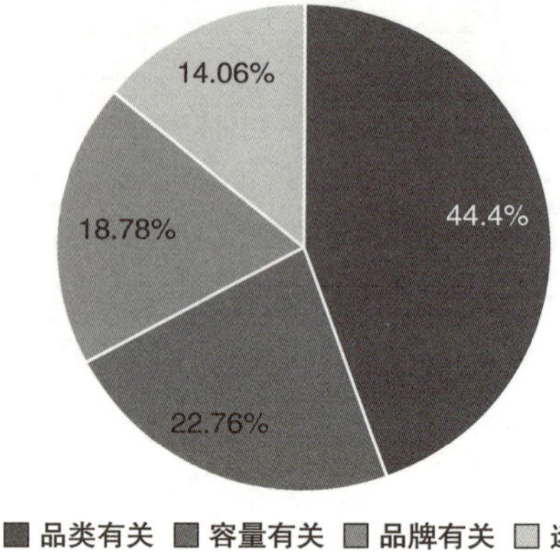

图 3-26

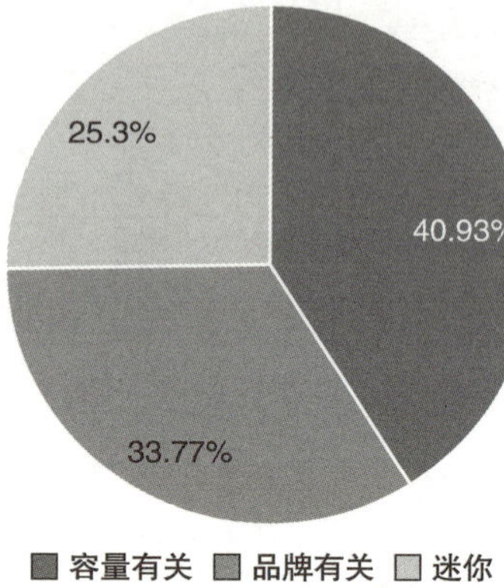

图 3-27

从上面的饼状图可以发现，大家买充电宝的时候考虑最多的因素是容量，占比 40.93%；第二个因素是品牌，占比 33.77%；第三个则是迷你，占比 25.3%。大家都知道，南孚是电池行业的老大，有知名度，大家对南孚的普遍印象是电池电量足、耐用、不漏液，一节更比六节强，所以品牌就不用特意去说，那剩下的就两个问题：

- 容量，即这个充电宝的电量是多少毫安，能给设备充几次电。
- 迷你，即这个充电宝是否足够小巧迷你，方便携带。

分析完天猫后台生意参谋的数据，我们分析一下百度需求图谱的数据，去验证一下情况是不是这样的。虽然大家买充电宝的时候，大部分人会选择去电商平台（京东、天猫、淘宝等），但也有一部分人会去百度搜索一下，从百度后台的数据来看，当你输入“充电宝”这个关键词的时候，会进入对应的需求图谱。见图 3–28。

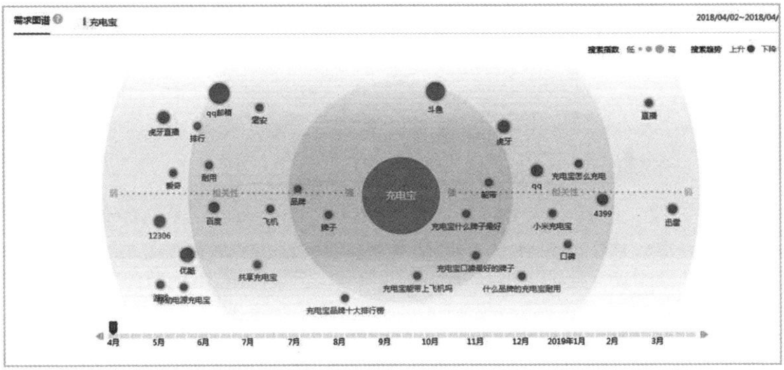

图 3–28　百度需求图谱显示“充电宝”相关词的界面

在需求图谱中可以看到，离“充电宝”这个圆心越近的地方，相关性越强，离它越远的地方相关性就越弱。最靠近圆心的搜索词是“牌子”“充电宝什么牌子最好”“充电宝能带上飞机吗”“能带”，看来大家在百度上找充电宝最关心的是品牌，因为充电宝关系到安全问题。我们平常在媒体上会看到一些充电宝爆炸的负面新闻，所以大家对充电宝的品牌尤为重视。对于商务人士，经常出差需要带充电宝，是否能带上飞机他们也很关心。对他们来说，能带上飞机是刚需。次需求，比如“小米充电宝”“充电宝排行榜”等也是品牌相关词，越到后面，相关性就越弱。从百度的需求图谱分析，大家买充电宝的时候，还是考虑品牌的最多，考虑能带上飞机的相对少一些，并且从需求图谱上看大家并不关心充电宝容量。这一点表面上好像和天猫后台生意参谋数据相矛盾，但是再想想，当你在使用百度的场景时，主要是为了选哪个品牌的充电宝，也就是找相关信息；而当你要开始买充电宝时，还是会去电商网站直接搜品牌＋与容量有关的关键词。

以上是百度需求图谱分析得出的初步数据，再看一下从百度需求图谱，相关性分类里去向相关词的数据：

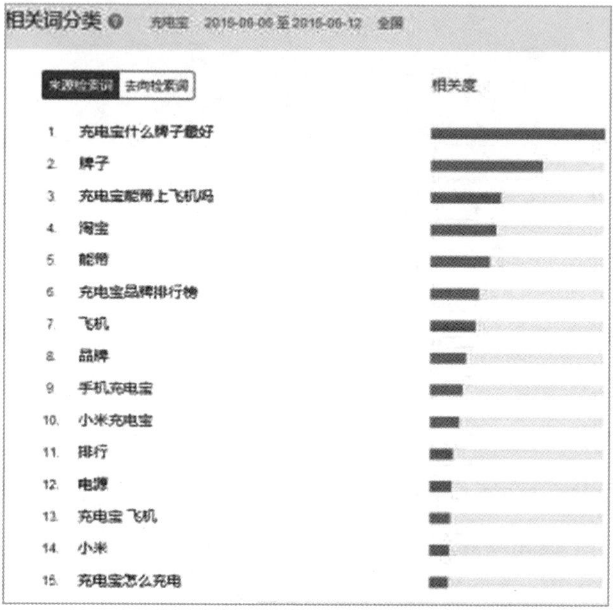

图 3-29　百度需求图谱显示“充电宝”来源搜索词的界面

由此可以得出，大多数客户买充电宝，无论是从天猫的生意参谋数据还是百度的需求图谱数据以及去向相关词数据来看，需求集中在三点上：第一，电量是否满足需求；第二，是否是大品牌；第三，是否足够小。而南孚的这款迷你充电宝电量是 2500 毫安，这个电量大部分人听后第一直觉是电量少。但是，作为营销人员，你不能跟客户讲道理，哪怕你讲赢了，客户也会不爽。这时你只需要做一个正确的引导，把客户原来买充电宝的需求优先级从电量、品牌、迷你引导成买迷你充电宝的需求。

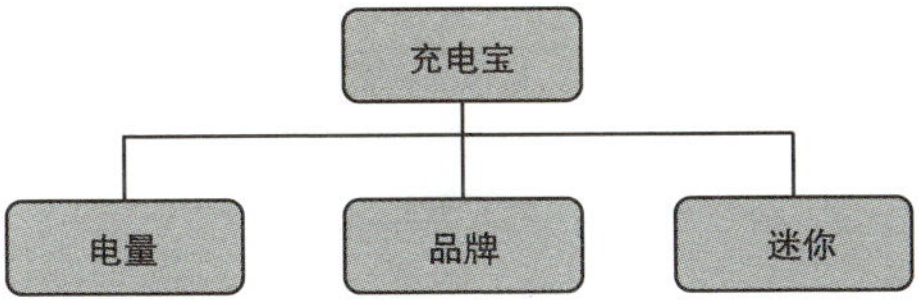

图 3–30

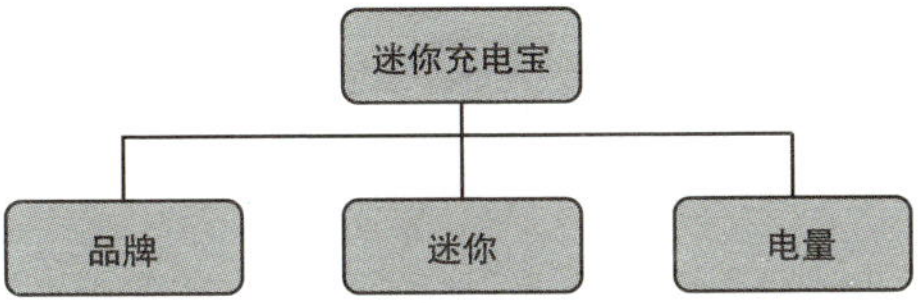

图 3–31

买迷你充电宝，客户的优先级就变成了品牌、迷你、电量，然后根据这个思路去策划这款产品的天猫详情页，效果就会好很多。

综上所述，南孚迷你充电宝的卖点总结为：

- 品牌大

南孚已经有 30 年历史了，品牌知名度和品牌的美誉度都不错，可以称得上知名大品牌。

- 体积迷你

南孚迷你充电宝只有 9.2 厘米长，直径为 2.3 厘米，但是大众对这个数字没有直观的感觉，需要找对比参考物来衬托南孚迷你充电宝足够迷你。由于这款是玫瑰金款，特别适合女性客户，因此我找了女性客户很熟悉的口红作为对比参考物，来衬托迷你充电宝的小巧——小如口红，足够迷你，非常便携。

注意

作为对比参考物，一定要符合以下两个原则：

1. 是标品，也就是尺寸是相对固定的，要不然就失去了作为对比参考物的价值。
2. 目标受众对这个对比参考物比较熟悉，不熟悉的对比参考物也失去了其该承担的价值。

- 容量够用

南孚迷你充电宝容量为2500毫安，因为是南孚，电量不会虚标，并且由于南孚的技术，能够提高电能的传输转化效率，所以尽管只有2500毫安，但是能将iPhone 6s从电量报警轻松充到满。

而做这个营销咨询项目，策划商品详情页的时候，我的主逻辑是：需求引导→痛点刺激→需求锁定→解决小→解决够用→解决其他需求→细节图。如图3–22。

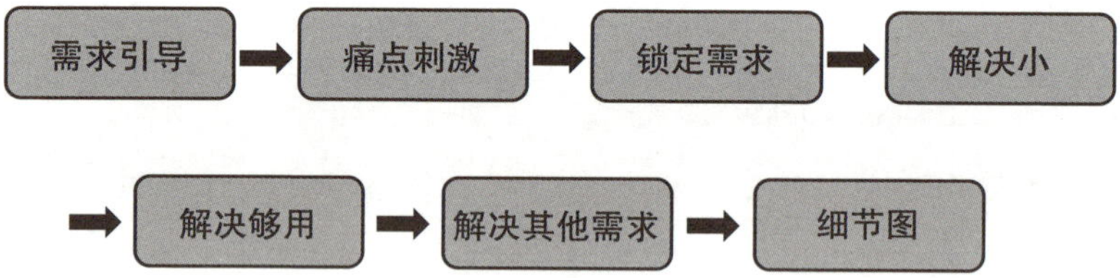

图3–32

前面讲的内容是需求分析的部分，怎么将买充电宝的客户变为买迷你充电宝的客户，这就需要需求引导和痛点刺激来发挥作用了。

下单三步及陈勇转化六要素拆解

第一步：激发兴趣，使用陈勇转化六要素的互惠和痛点刺激

经过调研，我们发现大家使用充电宝的场景如下：

充电宝使用场景

使用场景	使用频次
出外勤 下班途中 逛街、聚会	高频
出差或旅游中 一般和电脑一起使用	低频

图 3-33

主要场景分两大类：第一类，工作出外勤（销售拜访客户、财务去税务局、人力去社保局等）、日常下班途中（上班途中不需要是因为我们晚上睡觉的时候都有将手机充满电的习惯）、逛街、聚会，这些时候使用充电宝的频率比较高；第二类，出差或旅行的时候，使用频率较低，而且一般会和电脑一起使用。根据这个调研结果，我们选择主抓第一类人群，因为第二类人群对充电宝

的电量要求高，南孚迷你充电宝无法很好地满足他们的需求，但是针对第一类人群，南孚迷你充电宝能很好地满足他们的需求。天猫的用户有个特点就是喜欢“逛”，大家常说逛天猫，就是这个“逛”。因此一开始我们在页面上用四格漫画的形式做了一个起引导作用的图，并且四格漫画这种形式比较诙谐好玩，更能吸引天猫用户的注意力。而我们用一张大家使用大充电宝的图来刺激痛点，变相告诉用户我们能给他们提供的“优惠”就是携带方便的充电宝。

第二步：建立信任，交叉反复使用陈勇转化六要素的承诺与兑现、信任状、畅销好评

前面提到，承诺与兑现中承诺，需要的是消费者买这类产品或服务时关注的商家承诺，消费者不关心的承诺，商家做出了也没有用。综合上面的客户分析来看，承诺与兑现就围绕着品牌大、迷你、电量够用这三个卖点展开，关键是要让消费者相信这款充电宝品牌大、迷你、电量够用，特别是“电量够用”这个点。先用承诺与兑现让人相信这三点是有一点点可信（轻度信任），然后用信任状去进行信任转嫁，提高人们对这三个卖点的信任度，最后用畅销好评去验证前面提到的三个承诺，让信任度达到最高水平。由于是三个卖点，因此需要交叉反复使用陈勇转化六要素中的承诺与兑现、信任状、畅销好评。

第三步：立刻下单，使用陈勇转化六要素中的稀缺

因为是新品，我们当时推出了 30 天免费试用活动，每天仅限前 68 名下单客户。

页面需要解决的难题

- 在大家普遍都至少有一个充电宝的情况下，怎么说服对方再买一个充电宝。
- 如何让大家相信这个充电宝足够小。
- 如何让大家相信这个充电宝的电量足够用，并且如何去定义“够用”这个词。

接下来，看我和南孚团队如何通力合作，巧妙使用下单三步法和陈勇转化六要素去破解这些难题。

案例详解

下单第一步：激发兴趣，使用陈勇转化六要素中的互惠和痛点刺激，解决需求转化的问题

前面提到天猫的用户喜欢逛，若大家已经基本都有一个充电宝了，那么让客户再买一个充电宝便不是易事，因此我们在页面的一开始用了一个四格漫画去引导需求转化。

加上之前调研人们使用充电宝的场景主要在下班途中、朋友聚会、周末逛街和喝下午茶的时候，因此这四格漫画的内容分别是：

漫画 1：一位将要下班的女士，“好累噢！终于要下班了，唉！这个电量不够了，要带那个又大又重的充电宝吗？？？纠结。”

漫画 2：一个晚上要和朋友聚会的男士，“晚上要去聚会，10 点多才回家，手机电量撑不住啊！要带大块头充电宝吗？？？纠结。”

漫画 3：一个约闺密逛街的女士，“约了闺密一起逛街喝下午茶，在外面一天手机电量肯定不够，要带着笨重的充电宝吗？？？纠结。”

漫画 4：这时，三个人脑海中只有同一个声音：“我想要一个小巧轻便的充电宝！！！”

图 3-34　南孚迷你充电宝天猫旗舰店详情页顶部图

怎样进行精准的痛点刺激？首先，要用消费者熟悉的使用场景让其回忆那些让他不爽的地方。在你聚餐、逛街的时候，正准备拍照或者用手机的时候发现手机快没电了，又不想带大块头的充电宝，这时你的需求就是需要一个小巧轻便的充电宝。这里我们强调的是小巧轻便，不是小巧轻便电量够用。

前面强调大块头充电宝不好，现在开始进行下一个动作——痛点刺激。

我们用了一个职场人的装扮，穿了商务装，但是他裤袋里放着一个巨大的充电宝，这个充电宝至少是 10000 毫安的。我们把充电宝的局部放大，一看，确实又大又笨，都能当防身神器了！这时我们用一句话来刺激消费者："是的，平时大充电宝因为太重而你不愿意背，所以不起作用"。此处故意用"背"这个词来强调这个充电宝的重，在痛点刺激结束之后，我们需要进行一个需求的锁定。

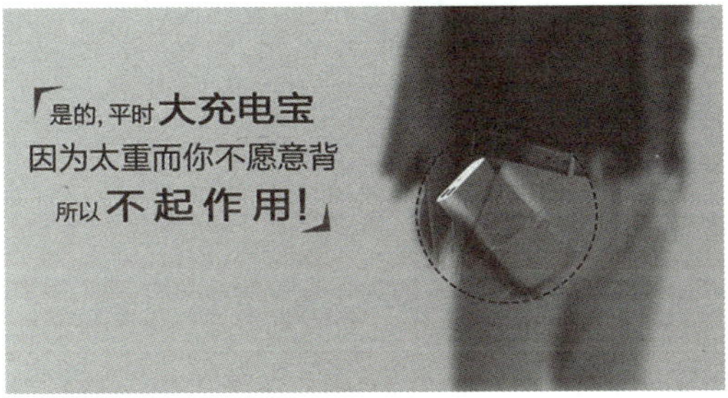

图 3-35

下单第二步：建立信任，使用陈勇转化六要素中的承诺与兑现、信任状、畅销好评，解决迷你、电量等核心问题和其他非核心问题

1. 总体展示

在日常生活使用中，理想的充电宝应该是这样的：首先是小巧轻便，其次是电量够用。这个时候就把买充电宝的需求顺利过渡到买迷你充电宝的需求上了。

为了将小更加具象化展示出来，我们特意选了一张女士的图，把充电宝放在女士锁骨的位置，从而显得充电宝比较秀气、小巧。如图 3-36。我们一直在强调这款充电宝小这个点。在这张图上我们使用了陈勇转化六要素承诺与兑现中的承诺，我们承诺了"小巧轻便"和"电量够用"这两个点，而"品牌大"这个点在这里我们不用单独去承诺，因为南孚本身自带很强的品牌光环，因此只要在页面上出现"南孚"或"NAN FU"就好。

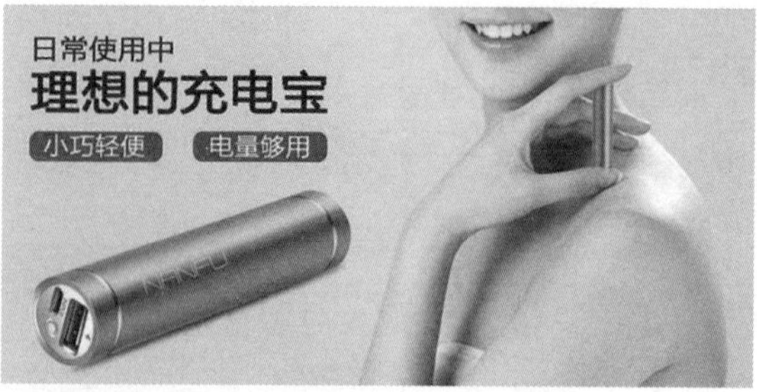

图 3-36

而这两个卖点的兑现，在页面后面的内容中给出了解答。

2. 解决迷你问题，使用陈勇转化六要素中的兑现

第一个要解决的核心需求是解决迷你，如何证明充电宝迷你？正常情况下我们会标明具体尺寸，但是大多数人对尺寸是没有概念的，因此我们要找到合适的对比参照物来显得它很小。玫瑰金款充电宝女性看着会比较舒服，因为这款是主打女性人群，使得我们自然而然地想起来和口红对比。然后我们去某知名品牌找了一款口红，对比之后，发现真的是差不多大小。于是就做了一张对比图出来，小巧又轻便，小如口红，底部再配上文字“9.2cm 媲美口红的小巧”。如图 3–37。

这张图能够很直观地体现这款充电宝的大小，但是充电宝主要是给手机充电的，因此我们选了当时市场上主流的机型 iPhone 6s 玫瑰金版来做了一个对比，发现它们摆在一起的时候，这款充电宝确实很小巧，所以用了“真小巧”这个词。我们反复去验证“小”这一点，迷你的问题就解决了。如图 3–38。

证明了小巧，很多人开始担心电量的问题，毕竟大家还是要买

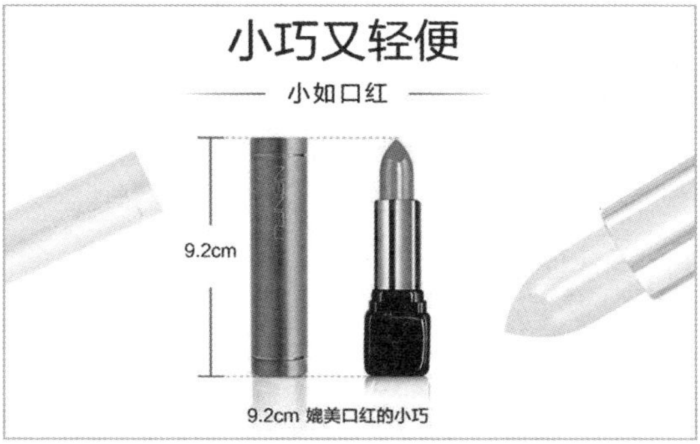

图 3-37

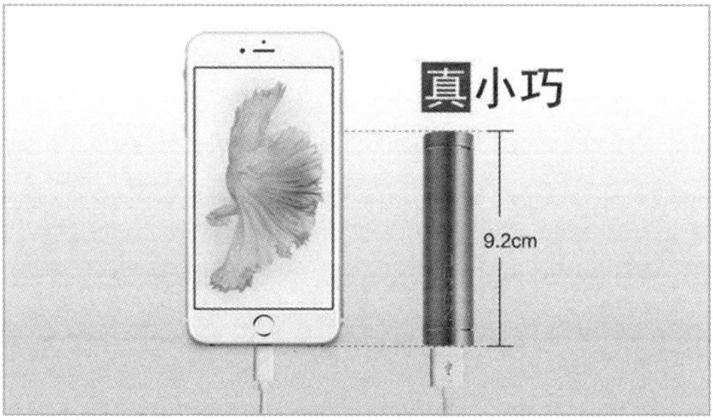

图 3-38

一个电量够用的充电宝，然后我们用了一个专题图做了承上启下的问答："确实很小巧，但是电量够用吗？""确实很小巧"是对上面迷你问题做了总结，就是小的问题经过了验证，大家已经相信了，但是电量是个疑问，"电量够用吗？"是个疑问句。于是我们用一句话来总体说电量够用的问题："不只小，尽管专注小巧"，继续承上启下，不但强调这款充电宝的小，还写了一句"但我还有 2500 毫安，且肯定能将你的 iPhone 6s 从电量报警轻松充满"。如图 3-39。

图 3-39

3. 解决电量够用的问题，使用陈勇转化六要素中的承诺与兑现

有的充电宝存在电量虚标的情况，但是南孚因为是大品牌，不会做这种有损品牌的事，另外南孚的技术能让充电宝的电能传输转化效率提高。我们经过测试，南孚这款 2500 毫安的迷你充电宝能将 iPhone6S 从 5% 充到 100%。而页面的文案中说“从电量报警轻松充满”（一般手机电量到 20% 的时候就会开始报警），而不是“从 5% 轻松充满”，是因为我们大多数情况下，都是在手机报警提醒电量很低的时候开始充电，并且我们大部分人有一个既定认知，就是千万不要把电量用光才开始充电，那样对手机电池的寿命不利，因此图中配上了这句话“温馨提示：手机电量报警时开始充电，能大大延长手机电池寿命”。如图 3–40。

此处有个问题是，用一个手机电量报警到充满电的左右对比图来说明电量够用，但是这种展现方式还是不够的。因此我们直接找到了福建省质量检验研究院（我国最早组建的省级质检院，在

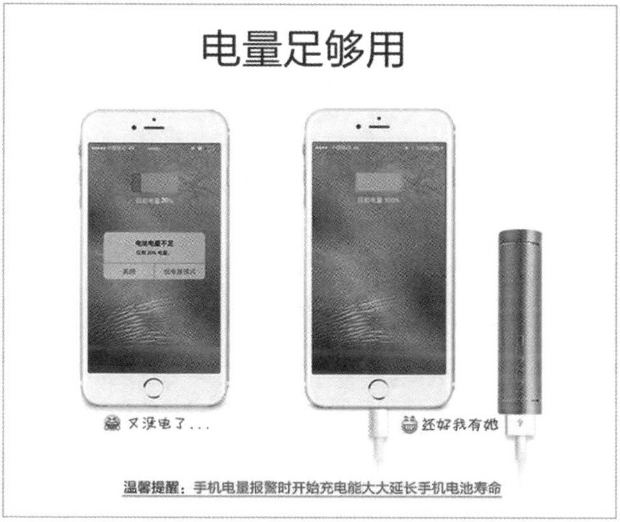

图 3-40

检测方面的总体规模和综合实力名列全国前茅），我们用检测院的数据告诉消费者，电量不虚标，且能将 iPhone 6s 从 5% 电量充到 100%。

在本书第二章《信任状：信任转嫁的秘密》一节我曾提到，检验院的检验报告都特别严谨，这就导致内容有点晦涩难懂，因此我们在遵从报告原意且不失去检测报告的严谨性的基础上把报告翻译成了大白话“检测表明：南孚迷你充电宝能给 iPhone 6s 从 5% 的电量充到 100%”。但是，有些人会说比较频繁地使用手机的话，手机充满一次电是不够的，于是我们根据官方公布的数据去计算得出了另一个数据，证明该充电宝充满一次，够用一天。如图 3-41。

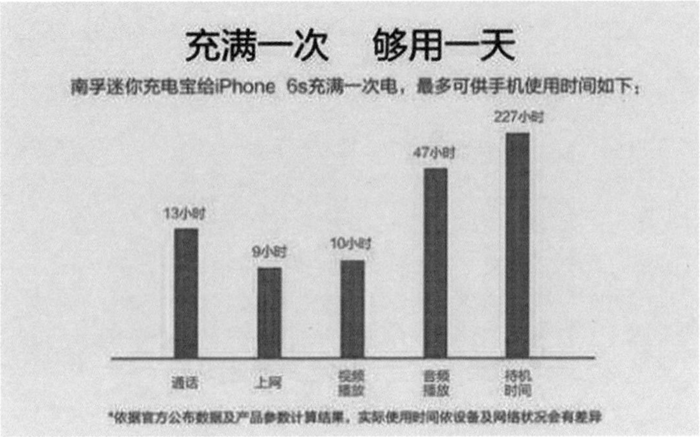

图 3-41

南孚迷你充电宝给 iPhone 6s 充满一次电，最多可供手机使用时间如下：通话 13 小时，上网 9 小时。

需要注意的是这里讲的是根据官方公布的数据以及产品参数计算结果，实际使用时间依据网络差异和设备差异有所不同，如果你的手机信号不好，手机一直在搜索信号，那耗电就比较快。于是我们根据官网理论数据，告诉你充满一次，够用一天，就把电量够用这件事情讲得很清楚，并且证明出来了。

最后需要做一个总结，解决了小和电量够用两个核心问题后，再次强调南孚迷你充电宝能满足你的核心需求。让客户感觉“哦！原来我需要的是这样的充电宝”。配图是一位女性恍然大悟的表情。页面至此，把客户的核心需求全部解决。

前面提到策划南孚迷你充电宝这个商品详情页的时候，我的主逻辑是：需求引导→痛点刺激→锁定需求→解决小→解决够用→解决其他需求→细节图。如图 3-42。

整个页面到现在前面的步骤都做完了，接下来解决其他需求。

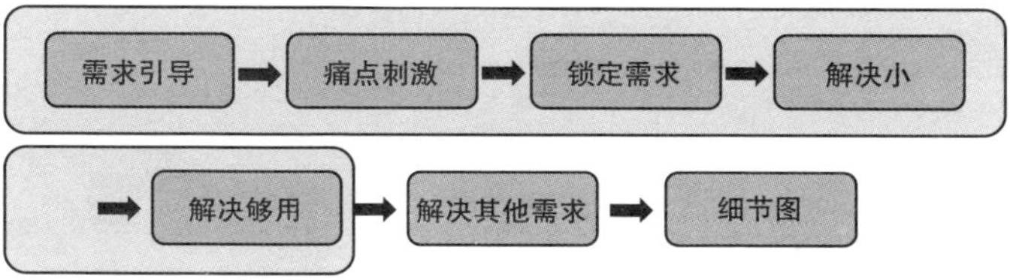

图 3-42

4. 解决其他需求里的颜值、兼容、安全、能带上飞机等问题，使用陈勇转化六要素中的承诺与兑现、信任状

因为是迷你充电宝，加上现在大家对颜值的要求都比较高，因此先说颜值问题。

南孚迷你充电宝第一代是彩色膜贴工艺，第二代升级为阳极氧化工艺。大家对这种工艺比较陌生，经过查证，发现 iPhone 6s 也用到了阳极氧化工艺，于是页面上出现了“新装上市 采用和 iPhone 6s 一致的阳极氧化工艺，还原金属磨砂质感，耐磨不掉色！”（注意这里使用了陈勇转化六要素中的信任状）这句宣传语。

这样一看就显得充电宝的颜值高，那么其他需求里的颜值问题解决了。

接下来解决其他需求里的兼容问题。我们大多数情况下用充电宝给手机充电，但是这款充电宝是苹果手机和安卓手机都适用吗？另外能不能给耳机充电？能不能给智能手环充电？能不能给

Kindle（亚马逊电子阅读器）充电？我们用一张图专门解决了这些疑问。

图 3-43　南孚迷你充电宝天猫旗舰店详情页关于接口兼容板块

采用智能技术，智能检测电子设备的内部管理芯片，自动调节输出电量，支持市面上大部分电子设备的充电接口。

前面提到我们在百度需求图谱里看到有人问到安全问题，安全无小事，需要单独说。

我们找了南孚技术研发人员了解到这款迷你充电宝有四重技术保护，安全可靠。如图 3-44。

过流保护：智能检测输出电流，防止电流过大损坏手机。

短路保护：发生异常短路时自动保护，防止主板和电芯损毁。

过放保护：充电宝电量用完后，自动断开放电电路，防止过度放电损坏电芯。

过充保护：给充电宝充满电之后，自动断开充电电路，防止过度充电导致电芯电压过高损坏电芯。

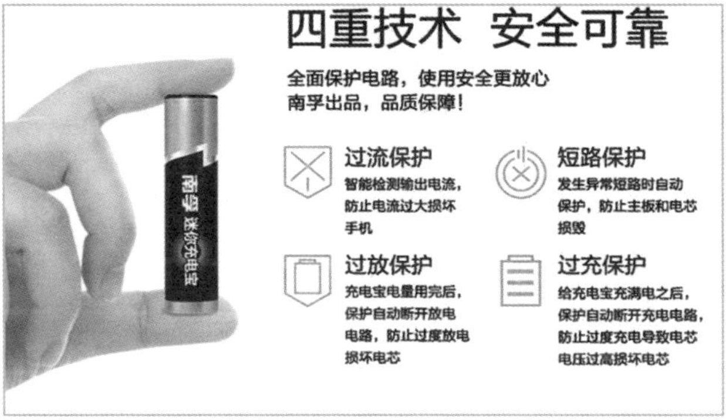

图 3-44 南孚迷你充电宝天猫旗舰店详情页安全板块截图

看了这四重保护措施后，你是不是觉得南孚充电宝很安全了？

而这张图的左侧配的不是玫瑰金款迷你充电宝，而是经典黑金款迷你充电宝，是因为经典黑金款看上去要比玫瑰金款显得更沉稳安全。而手是这样捏着充电宝，把“迷你”又展示了一下。如图 3-44。

前面百度需求图谱里看到有人问到能否带上飞机，这个就很好体现了。我们一开始使用了一张图是一位女士在机场候机的图，远处是飞机起飞爬升的场景，后来想想不对，场景里出现的东西太多了，会分散注意力，于是做了图 3-45。还用了一句特别感性的话“你想飞，我就陪你去飞”。下面用一个带盾牌样式的图标，配上文字“符合民航移动电源携带标准”。

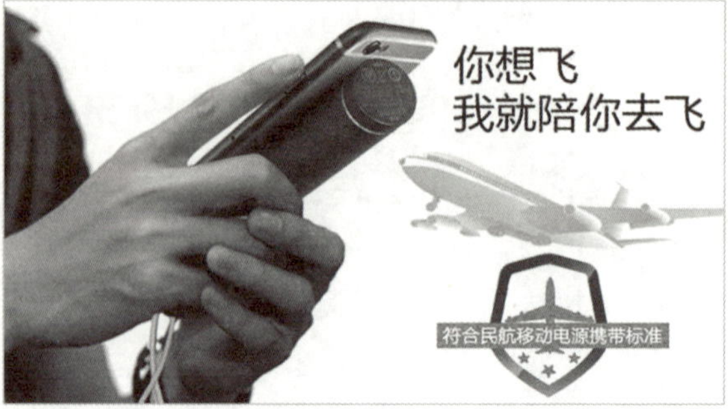

图 3-45

下单第三步：立刻下单，使用陈勇转化六要素的稀缺

因为是新品，我们当时推出了 30 天免费试用的稀缺活动，每天仅限前 68 名下单客户，见图 3-46。（注：客户先下单购买，30 天内试用不满意，我们包退，并且由南孚承担邮费，相当于我们让客户免费试用 30 天）。

图 3-46

由于这款充电宝正常售价是 45 元，活动价是 39 元，平常活动少，而 45 元的价格，大部分人都能消费得起，因此这个稀缺活动就没一直做。

看到这里，你是不是也想买个小巧轻便，电量够用的南孚迷你充电宝了？从数据上看，很多人一买就买两个，一个自己用，另一个送闺密或男女朋友，男性用深空灰款，女性用玫瑰金款。

转化率数据

南孚迷你充电宝这个电商项目的营销咨询项工作前前后后持续了四个月，天猫官方旗舰店迷你充电宝商品详情页上线改版了不止三次，最后支付转化率提升了 214%，月销量增长了 13 倍。

案例延伸

回顾一下我做营销咨询项目的四个步骤：

- 需求分析和引导
- 策划落地页
- 流量导入
- 数据分析和持续优化

上面讲的内容为此案例的需求分析和引导以及策划落地页的部分，接下来我们看流量导入、数据分析和持续优化的部分。当我们把支付转化率提高之后，能降低流量的成本和获客的成本，但是要把规模做大，销量做高，得有大量流量做支撑。一定要注意，千万不要一开始就导入大量的流量。因为最开始的页面，转化率都不高，引入再多的流量也是没有什么销量的，而且会浪费大量的广告费，所以一定要在转化率优化得很高的时候，才开始大量导入流量。

- 流量导入

整个天猫店的流量构成，如图 3–47。

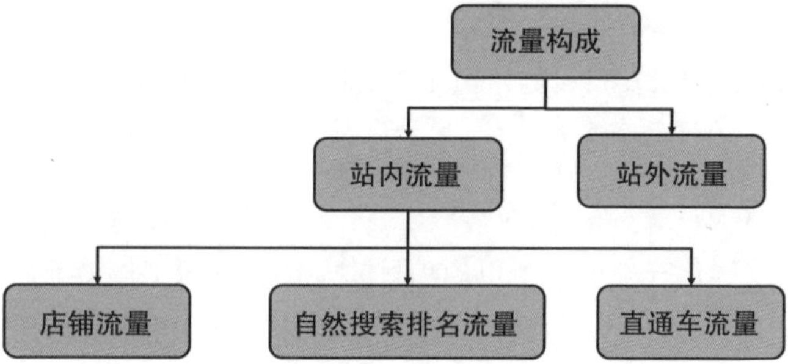

图 3–47

首先将流量分为天猫站内流量和站外流量，天猫站内的流量又分店铺流量、自然搜索排名流量，以及付费的直通车流量。站外流量就很多了，分为站外付费和站外免费流量。我们平常看到的从抖音、知乎、今日头条等平台往京东 / 天猫 / 淘宝等导流量就属于站外流量。

1. 站内流量——店铺流量

站内流量的第一个流量就叫店铺流量。南孚作为知名品牌，天猫官方旗舰店每天都有很多流量，如果我们自己刚开始起步阶段，天猫店或淘宝店没有流量怎么办？那就想办法做第二部分的流量，也就是自然搜索排名流量和直接付费购买天猫官方的直通车流量。

店铺流量有两个关键点：因地制宜和卖点突出且吸引人。一个店铺的流量出口有很多，但一定要注意的是将哪个出口的流量引入到这款产品的详情页比较合适，不能强硬地引入，因为强硬地引入会让整个店铺的首页版面看起来很乱。另外，卖点一定要突出且吸引人，客户看了这个突出的卖点之后，被卖点吸引了，就会去点击进去看一下。比如，我要从南孚的官方旗舰店首页店铺流量引入迷你充电宝这个详情页，选卖点的时候我就直接强调“小巧”，如果把卖点改为电量够用，客户很有可能就不点击了，流量就无法从旗舰店首页引入迷你充电宝的详情页。

在店铺首页顶部位置展示一个迷你充电宝的动图，并打上“包邮”的标签。网购东西，包邮还是很重要的事。在店铺频道导航（横向导航）里再给充电宝一个位置。在左侧的竖向导航里，也要加上充电宝，并且把经典黑金、玫瑰金、深空灰三个款式也标上，注意这个地方不要标容量。一般在轮播图里也可以放一张充电宝的图，这样就从店铺首页给迷你充电宝详情页面开辟了四个入口了。项目早期要尽可能地从店铺里给新品导流，促成交易，不然这个新品很难打开销售局面。

2. 站内流量——自然搜索排名流量

说完店铺流量，我们来看第二种站内流量，自然搜索排名流量。有人可能不太明白，用大白话讲就是你去天猫或淘宝搜索关键词，比如迷你充电宝、充电宝小巧、充电宝便携，我们看到的搜索结果排名中就有大量的流量。搜索结果页显示的第一个结果一般都是直通车的广告位，说白了就是广告的流量，需要付费购买才行。然后在这个广告位后面就会紧挨着 5 个商品的自然排名，这里会涉及一个排名算法，如果你做得好，把排名做上去，就会获得大量的免费流量。对这个排名算法感兴趣的朋友，可以看《算法设计与分析基础》这本书，是我本科学计算机科学与技术专业的教材，其本质是教人去寻找最优解。一个平台的搜索排名算法是一个综合算法，我自己将天猫的搜索排名算法分为三部分：

一是影响排名的主要正向因素及操作办法；

二是影响排名的辅助正向因素及操作办法；

三是影响排名的主要逆向因素及操作办法。

在这三大部分里，按照算法设计与分析的原理去拆分，寻找各种可能的影响因素，并不断用大数据进行测试，你会发现影响排名的因素有很多。如图 3-48。

支付转化率、收藏量、客单价、复购率、访问量、店铺权重、用户评价、竞争格局、关键词人气、商品主标题、商品副标题、上下架时间、平均停留时间、DSR[①] 动态评分、最近 15 天销量、最近 15 天订单量等一共有近百个因素会影响排名，而这些因素之间还会相互影响。比如，最近 15 天销量和最近 15 天订单量不是一回事，有的人可能下了一个订单，但是这个订单里有 3 个充个电宝，这个进而会影响到客单价。

#转化率#	#店铺权重#	#上下架时间#
#收藏量#	#用户评价#	#平均停留时间#
#客单价#	#竞争格局#	#DSR动态评分#
#复购率#	#关键词人气#	#最近15天销量#
#访问量#	#商品主标题#	#最近15天订单量#
………	#商品副标题#	………
	………	

图 3-48

① DSR，即卖家服务评价系统。——编者注

你只要会建模，不断地输入数据进去测试，最后能把搜索的排序的算法模拟出来。任何一个排序算法都是n个维度加权求和的结果。因此可以得出一个自然搜索排名算法的公式。如图 3-49。

n个维度加权求和

自然搜索排名算法=$(x_1f_1+x_2f_2+x_3f_3...x_kf_k) \div n$

其中$x_1+x_2+...+x_k=n$

$f_1+f_2+...+f_k=100\%$

通过数和权来计算排名的竞争力

图 3-49

自然搜索排名算法 =（$x_1 \times f_1+x_2 \times f_2+x_3 \times f_3+...+x_k \times f_k$）/n。其中 x_1，x_2，x_3，...，x_n 代表的是有多少种维度，f_1，f_2，...，f_n 叫作权，就是每一个维度我要给它多少权重，最后的结果是 n 个维度加权求和的所得。我就是通过这个公式来计算排名的竞争力的（此处展示的是一个原型算法，真实算法比这个原型算法要复杂得多）。

如果数学不是很好，可能有点不太明白，但是也没有多大的关系，把主要维度找到就好。大家可能知道有这个维度影响天猫和淘宝的自然搜索排名算法但没有深究，而我本科是学计算机的，在这方面有一定的优势，所以我把这个维度测算出来，应用到南孚这个项目上。需要注意的是这个算法是会经常变化的，因此需要不断地输入数据到里面去测。当时发现搜索“小型充电宝”的时候，最上面一个是直通车广告位（左上角标有 HOT 标志），我们看自然搜索排名，第一个是其他品牌，南孚迷你充电宝排名第二；在搜“迷你充电宝超薄便携小”的时候，最上面的也还是直通车广告位，自然搜索排名第一的是南孚迷你充电宝。如图 3-50。

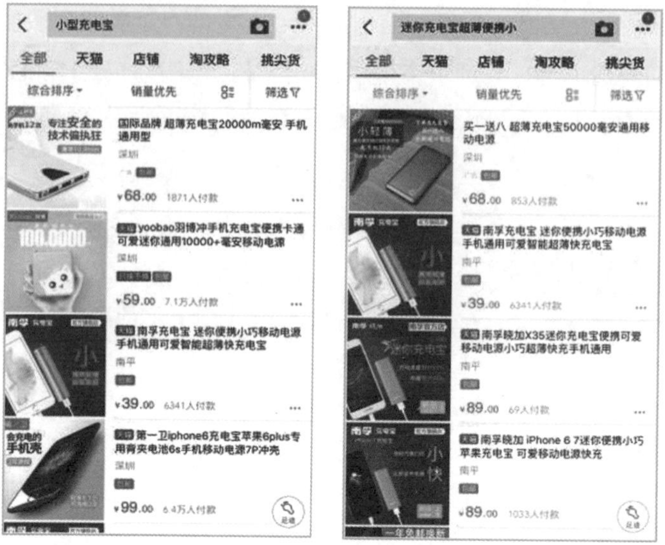

图 3-50

有人可能会问，一般人怎么会在天猫或淘宝里搜这么长的词呢？其实那是因为天猫和淘宝里的搜索框里有个下拉框，有关键词联想功能，你尝试搜索充电宝或迷你充电宝的时候，下拉框会出现与之相关度比较高和搜索量比较高的词，你就可能去点它，点它就默认是要搜索这个词，自然就会出搜索结果了。我根据这个算法不断测试，调试优化，帮助南孚迷你充电宝排到自然搜索结果的前面。你如果真正懂了这套算法，拿不同的单品和店铺去测试，你会发现，店铺权重不变，产品也没变（这些维度在短期内也不会有什么变化），只要改商品的主标题，就会导致它的自然排名从十名开外直接排到第一名，这是一件特别有趣的事。不过大家要注意，千万不要以为算法是很简单的事。有人说销量高就会排名第一，这是不对的。认真去看你会发现，左边图总排名第四位的商品，有6.4万的销量，但是它就是排在了只有6000多件销量的商品后面。也就是说不是你的销量高，你的排名就一定能靠前，销量只是其中一个影响因素。如果仅仅是靠销量来决定排名的话，就会导致很多人为了排名去恶意做销量，这对天猫或淘宝这个生态来说就不利了。所以一定要注意一点，任何一个商业行为，它能做得很成功，绝对不是仅仅一两句话的事情，而是需要大量的数据和一些模型来支撑它。

3. 站内流量——直通车流量

说完自然搜索排名的流量，也就是免费流量之后，我们现在讲一下付费流量的典型代表直通车流量。这里我选一个反面案例来讲，告诉大家买直通车流量的时候容易犯哪些错误。

首先我们搜索“充电宝 小巧”（图3–51），排名第一的是直通车广告位，可是注意了，我们搜索的关键词是“充电宝 小巧”没错，图上这个是充电宝，但是从图上看，这个充电宝小巧吗？根本显示不出来，因为它没有对比参照物；其次商品标题里写的是“进口电芯 手机超薄充电宝50000毫安移动电源”，也就是商品标题里也没有强调小巧，图片和文案里都没强调小巧。

由此可以看出，它投放的这个关键词是有问题的，这产品更适合投“充电宝 超薄”“超薄充电宝”这类超薄+充电宝组合的关键词，但是它不适合投放“充电宝 小巧”，因为产品和关键词根本匹配不上。也就是说，你在选择关键词的时候要注意：一定要选有商业价值的关键词（搜索该词的人有付费意愿，且商品能符合客户的需求），不要找一些非商业价值关键词来投放，而且产品对应的图片和文案要

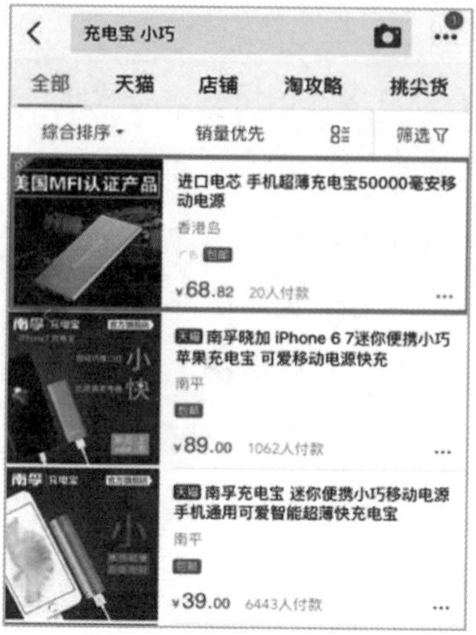

图 3-51　淘宝搜索“充电宝 小巧”结果页

与关键词相匹配，不要让搜索的人觉得自己走错了地方，要不然你的这种投放费用就是打水漂了。综上所述，直通车投放要注意以下几点：

一是要选有商业价值关键词；

二是图片要与搜索词相匹配；

三是文案要与搜索词相匹配。

只要遵循这三点，直通车投放都不会犯大的方向性错误。

4. 站外流量

说完了站内流量，我们来看看流量导入的第二大类型：站外流量。基于这个单品，我们投百度的 SEM 搜索类广告是没有太大意义的。原因有二：一是买充电宝的人大部分是直接去电商网站买，不会去百度，这就导致搜索量很小，不值得雇一个人去做这事；二是百度 SEM 搜索广告的单次点击价格相对其他渠道偏高，而这款迷你充电宝的售价只有 45 元，这导致如果去百度买流量来转化的话，基本都是亏钱的。

现在是移动互联网时代，大家习惯了在手机端操作，看微信、抖音、今日头条或其他 App，这个时候就可以去这些自媒体平台里做内容，也可以去这些自媒体号里投软文广告。

因为充电宝属于电子产品，和科技有点关系，所以选择在“科技之窗”里面做内容，因为内容不错，被今日头条的推荐引擎推荐，直接带来 60 万的阅读量。需要注意的是，当时已经升级了新一代充电宝，叫南孚晓加，看着像小钢炮的造型，所以标题叫：南孚的变革，造充电宝领域的“小钢炮”。这个充电宝的容量就比 2500 毫安大不少，因为 2500 毫安的充电宝适合给 iPhone 6s 及以下机型的手机充电，但是对于其他新手机或大屏手机来说，电量就不太够了，而新一代的充电宝容量从 2400 毫安提高到了 3300 毫安，电量更大，且充电速度更快。我们就拿士力架来做对比，而大家对士力架的认知是补充能量快，且整体比较小。看到这里，你是不是也想买一个南孚晓加充电宝了？

当有了这些媒体上的亮眼数据之后，我们在原来的商品详情页上便加上了图 3–52。

总之，千万不要小看这些流量。工作闲暇去养一些号，比如微信公众号、UC 自媒体号、百度百家号、搜狐自媒体号等，发表一些高质量的文章，也可以隔一段时间写一些软文和硬广，总能给你带来流量。只要你的文章质量好，平台官方小编也会推送你的文章到头条，

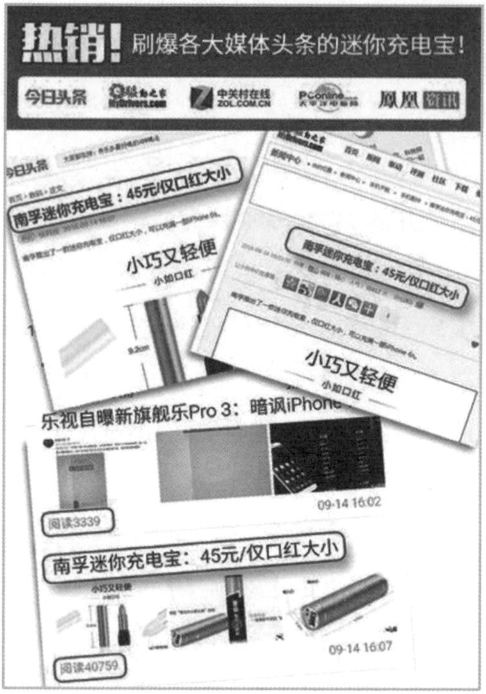

图 3–52　用媒体的报道和阅读量数据来证明畅销好评

而一旦被推荐到头条，就会有很多流量进来，而此时文章里反复强调去哪儿能买到（现在媒体审核严，文章正文里不允许引导用户去其他平台交易，但是你可以通过评论的方式引导大家去天猫或淘宝购买），这个时候流量大的话，很可能会卖断货。南孚迷你充电宝在 2016 年中秋节前后就因为畅销，导致卖断货。

付费流量当然也得做，比如，你在一些大号上投软文，发一些付费文章。我个人建议付费和免费流量结合来做，两条腿走路更安全。需要注意的是：平常一定要有养号的习惯，千万不要等到要用流量的时候，再去干这个事，平常没有养号，只能去买流量，而正常情况下，流量只会越来越贵。

以上就是各种流量导入的内容，把流量分为站内流量和站外流量。站内流量，如店铺首页流量如何导入单品，讲了自然搜索排名的算法，以及如何用算法去测试哪些维度能够让排名更高。还讲到了付费的站内流量，如直通车流量。站外流量这块，做一些今日头条、微信公众号、UC 自媒体、百家号，等等。

南孚迷你充电宝月销量增长 13 倍，不仅仅是转化率提升了，更重要的是流量有很大的提升。你想想，一个月要卖很多产品出去的话，流量和转化率肯定缺一不可。假如你只抓转化率，没有流量，就算转化率达到 100%，来一个人就能成交一个，但是一天只能来 10 个人，那一天只能卖 10 个商品，没什么意义。而如果你只抓流量，你的转化率极差，一天有 100 万次的流量进来，结果只有 2 个人购买了，你也是白忙活。因此一定要注意，流量和转化率要组合着来做，这样企业的抗风险能力就很强了。

- 数据分析和持续优化

当我们完成了产品分析和客户需求引导，落地页也策划好了，组合流量也导入了，就要开始最后一个部分：数据分析和持续优化，小步快跑，持续去迭代优化，最后才能达到最理想的结果。

本节主要分为两大部分：一是关键词自然排名的分析与持续优化，二是不断优化落地页。

1. 分析优化自然排名

因为天猫的排序算法会不断变化，因此在不同的时间段里，各种维度的权重都在变化，如果发现有的维度权重提升了，那这个时候你可以稍微调一下你的对应内容，就会导致排名立马提升。比如，我们从后台导出了 500 个关键词的对应各项数据，我们来看搜索人气、该关键词的商城点击占比，再看点击率和点击人气，以及支付的转化率。见图 3–53。

排名	搜索词	搜索人气	商城点击占比	点击率	点击人气	支付转化率	直通车参考价
1	充电宝	168,647	75.54%	77.71%	128,180	12.53%	1.33
2	充电宝50000毫安	78,148	34.24%	70.05%	57,948	9.47%	1.19
3	移动电源	64,470	73.15%	79.55%	46,354	9.24%	1.43
4	充电宝20000毫安	56,632	69.40%	74.28%	42,265	13.65%	1.43
5	充电宝可爱	42,135	51.44%	75.24%	30,193	6.34%	1.13
6	小米充电宝	41,124	84.28%	80.79%	32,140	10.26%	1.35
7	充电宝超薄	36,994	73.92%	74.50%	26,658	11.11%	1.43
8	太阳能充电宝	36,254	34.94%	84.03%	28,771	5.34%	0.98
9	罗马仕充电宝	34,580	75.29%	73.17%	26,662	13.39%	1.11
10	充电宝 通用	31,984	65.89%	72.19%	22,541	13.18%	1.17
11	充电宝50000毫安 太阳能	31,716	20.25%	66.91%	22,325	5.55%	0.86
12	品胜充电宝	31,463	76.64%	67.87%	22,912	10.17%	1.93
13	罗马仕	28,514	89.12%	97.81%	21,581	14.08%	1.05
14	充电宝 苹果专用	26,509	71.61%	65.44%	18,672	10.51%	1.97
15	罗马仕充电宝20000毫安	24,316	58.44%	71.88%	20,127	14.11%	1.05
16	苹果充电宝	22,390	73.86%	62.66%	15,682	9.63%	2.03
17	充电宝 小米	20,926	75.18%	65.71%	14,030	9.86%	1.35
18	手机充电宝	20,116	76.44%	67.92%	13,911	13.92%	1.29
19	充电宝 便携	19,966	67.50%	73.00%	13,643	9.99%	1.53
20	超薄充电宝	18,203	75.97%	70.70%	12,630	9.60%	1.43

图 3–53

仔细看这些数据，你会不会觉得很奇怪，“充电宝”这个关键词的支付转化率怎么只有 12.53%？意思是我在天猫或淘宝搜索“充电宝”这个关键词，然后无论我在 A 店、B 店，还是 C 店下单，无论怎么样，最后我下单了，我就完成了支付转化，而这个数据只有 12.53%。也就是说 100 个人去天猫或淘宝搜索“充电宝”这个词，最后无论他们在哪个店下单，结果只有 12.53 人真正买了，剩下的 87.47 人都没有买，你明白什么意思了吗？不是说你搜索了你就会买。形成这个认知后，你就会发现，有些关键词，它的支付转化率高，你就要去找那种支付转化率高的关键词，接着将这个词放在你的商品主标题的合适位置上，然后优化排名，最后从这个关键词引来的流量的支付转化率就会更高。

而直通车的参考价格，就是说单次点击就是 1.33 元，或者 2.03 元，也可能是 1.97 元，都有可能。它是一个参考价格，因为每个天猫或淘宝卖家的出价不一样，就会影响到你，还有质量分来一起左右着最终的点击价格。

搜索词	搜索人气	商城点击占比	点击率	点击人气	支付转化率	直通车参考价	排名优化	操作
充电宝可爱	42,135	51.44%	75.24%	30,193	6.34%	1.13	目前无机会	放弃可爱
充电宝 便携	19,966	67.50%	73.00%	13,643	9.99%	1.53	目前无机会	便携提前
迷你充电宝	13,053	64.67%	77.39%	9,843	7.87%	1.12	目前无机会	放弃迷你
可爱充电宝	12,176	47.84%	69.11%	7,753	6.54%	1.13	有机会	放弃可爱
充电宝迷你	8,156	65.12%	80.14%	6,189	8.70%	1.12	目前无机会	
充电宝便携	7,805	73.37%	78.69%	5,292	10.64%	1.53	有机会	便携提高
充电宝小巧	6,533	67.72%	80.17%	4,945	9.13%	1.18	有机会	提高小巧
便携充电宝	4,168	72.84%	69.35%	2,738	5.60%	1.53	有机会	便携提高
充电宝 迷你	2,981	69.30%	90.58%	2,441	7.57%	1.12	目前无机会	
充电宝迷你小巧便携女	2,894	46.98%	78.28%	2,252	6.71%	1.47	有机会	提高小巧女
小型充电宝	2,875	37.24%	75.45%	2,172	6.21%	1.22	目前无机会	保留小型
便携式充电宝	2,845	37.61%	66.52%	1,871	4.00%	1.55	有机会	提高便携式

图 3-54　南孚迷你充电宝营销咨询项目不断优化关键词自然排名的决策稿

然后从排名前 500 个关键词里找出来和我们产品匹配的排名前 20 个商业价值关键词。我们就开始测算，按照自然排名的算法和维度，一个一个来匹配，一个一个来搜索，最后你就会发现根据排名优化可将它们分成两类：一种是目前没有机会的。也就是说，我目前的各种现状导致现在我去做的话基本上没有机会让产品排到前三的位置，那就暂时放弃这个词。比如“充电宝 可爱”这个词，我通过算法来匹配发现目前没有机会，那我就暂时放弃这个词。然后，有一个词叫“可爱充电宝”，通过算法来匹配，发现有机会做到排名前三的位置，但我还是要放弃，因为和前面的某个词起冲突了。这样一个词一个词去测，然后看到一个词叫“充电宝 便携”，这个词一天搜索人气 7805，通过算法匹配发现，排名优化是有机会进入前三的，并且这个词和我们的核心卖点“小巧”是强相关的，还有就是这个词在淘系（淘宝 + 天猫）的支付转化率比其他词要高不少，这个时候我要把“便携”这个词提高，去专门优化它。这样逐步去做，就能优化很多商业价值关键词排在自然搜索结果的前面，带来很多免费的有效流量。流量优化这部分做完，我们就开始优化落地页。

2. 优化落地页

现在我们看怎么去持续优化落地页。我们第一版的页面上不是仅仅说小如口红，而是写着“小巧又轻便，小若口红，轻如钢笔”，左边是跟某品牌的某款口红做对比，右边是跟流行的某款钢笔做对比。如图 3–55。因为充电宝是 72 克，我们去找跟 72 克有关的东西，发现某品牌一支钢笔重量也是 70 多克，还有鸡蛋的重量也差不多，但是鸡蛋看着没有高科技含量，并且放在一起好像很脆弱的样子，所以我们从品牌调性，从产品本身的重量来考虑，最后还是觉得放钢笔比较好。

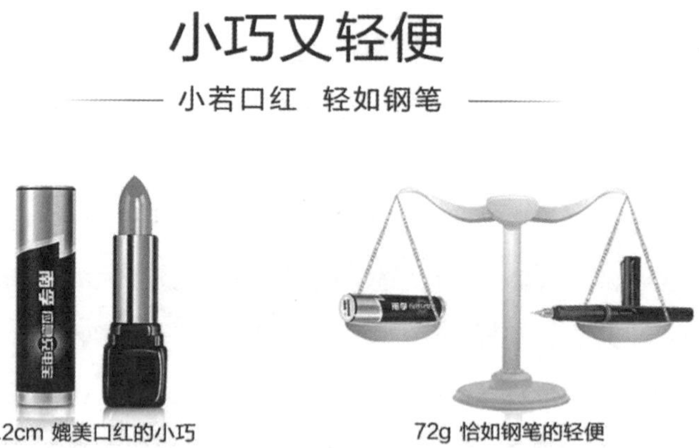

图 3–55 南孚迷你充电宝天猫旗舰店详情页改后第一版中关于重量的板块

但是我后来通过用户调研发现，在大家的认知里，对重不重这个事情理解挺简单的，这个东西小那正常情况下就比较轻，放在口袋或者放在包里都无所谓，保证小巧就好了。所以后来我们做页面优化的时候，就不提重量这个事情了，我们就说一个事情，小巧又轻便，小如口红，把 72 克这个因素直接去掉。需要注意的是，大部分人手机上网购物，耐心是有限的，你的页面做得太长的话，就会影响用户的耐心，一屏里面放太多的内容，就会干扰用户的注意力。因此我们最后决定，只提“小”这件事情，不提“轻”这个事情，把页面尽可能地精简。

再举一个页面优化的例子：我们第一版的图就讲了，“确实很小”是承上，“电量够用吗？”是启下。我们做了一个饼状图，再补上一句：你知道吗？原来 2400 毫安的充电宝能满足 ××.× % 的人日常充电要求。如图 3–56。但问题来了，有的人是不属于 ××.× % 的这个人群里，所以它不够明确。

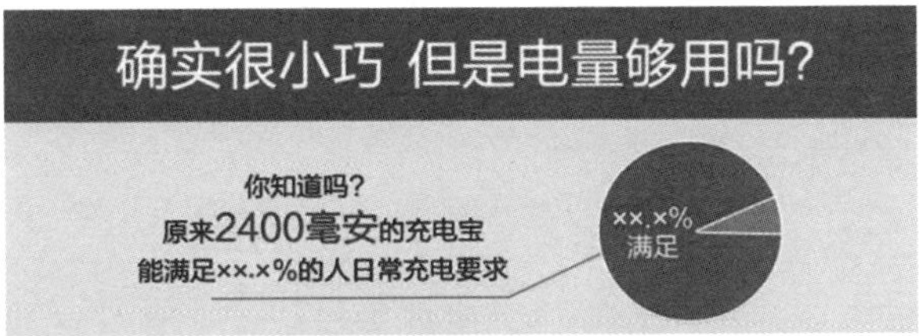

图 3–56

后来我们就把这个未上线的页面迭代成下面这张图：“对不起，因为专注小巧，所以我只有 2500 毫安，但肯定能将你的 iPhone 6s 从电量报警轻松充满。”如图 3–57。我们当时还觉得这样改不错，但是有一天我去浙江出差的时候，看页面的这张图，就觉得不对，感觉差点意思，语气比较弱，不能很好地给客户传递信心。

图 3-57

后来我就把它改了，前面一样，后面改成“不只于小，尽管专注小巧，但我还有 2500 毫安，且肯定能将你的 iPhone 6s 从电量报警轻松充满”。如图 3-58。你看这两个一对比：对不起，是道歉，那你是做错事情了。但“不只于小”，就是我不仅小，“尽管专注小巧，但我还有 2500 毫安”，之前是“我只有 2500 毫安”，这是两种语气，给人的感觉是不一样的。

有人会说，大家基本不看文字了。但是你要注意，我们平常看页面的时候，你不仅仅在看，心里还会默读，文字会有心理暗示作用。你看看，“不只于小，尽管专注小巧，但我还有 2500 毫安，且肯定能将你的 iPhone 6s 从电量报警轻松充满”这种语气就是很自信的。讲到两点，第一就是小，我持续地告诉你我小巧，但是我还有 2500 毫安，有什么作用？就是能给你的手机电量充到满，这是一种

图 3-58

自信的表达方式，这种表达能够帮助你给客户传递信心，客户就会去下单，这点非常重要。做页面的时候，文案上一个标点符号，一个文字，文字的语气，都会影响产品的转化率，因此你要注意各种细节，优化这些细节就可以提高产品的转化率。

注意

1. 出于对保密条款的尊重和咨询工作的特殊性，书中只写了南孚迷你充电宝这个营销咨询合作项目的部分营销方法，还有部分营销方法不能对外公布。
2. 如果你觉得自己公司的支付转化率不高，想对落地页进行诊断和分析，迭代页面从而提高转化率，可以在微信公众号陈勇营销专栏(ID：cy-yingxiao)中发送1，加我的私人微信号进行交流。

4

创业到规模商业的四级良性增长引擎

最近一年大家的业绩怎么样？日子过得好不好？我相信有的企业过得还行，但是很多企业的日子并不好过，这句话可能会让你不舒服，但现实就摆在眼前，关键是我们现在遇到问题该怎么解决。

增长出现瓶颈：好不容易各种渠道尝试投放，终于找到了一个效果不错的投放渠道，就一直投。有的渠道一个月能花掉500万元到3000万元的广告费，并且效果还不错，结果过了几个月后，发现这个渠道的效果越来越差，甚至效果出现了断崖式下滑，增长出现了瓶颈，试了很多方法去突破瓶颈都没成功，业务停滞不前，甚至有下滑的风险。

流量的成本居高不下：以前竞争不激烈，去各种流量平台买流量都比较便宜，现在竞争日趋白热化，互联网都进入下半场了，流量成本居高不下，用以前的一些方法去增长流量已经很难，流量成本一直降不下去。

广告效果越来越差：以前无论是投百度的SEM广告，还是电商广告，或者朋友圈、微博、抖音、快手、小红书等信息流广告效果都不错，但现在大家都开始投这类广告，并且效果差的企业已经在竞争中被淘汰了，能活下来的企业水平都不错了。在一堆聪明的企业中，你很难比别人更聪明，一堆以前效果不错的广告扎堆投放，就会导致投放效果越来越差，而在这个阶段，那些刚开始做投放广告的企业，收到的效果会更差。

不知道如何以小博大：一开始创业没有什么钱，能调动的资源也很少，不知道如何以小搏大。比如，你的企业还处于种子轮、天使轮，还没到 A 轮，没有太多钱的情况下，你不知道如何去利用现有的、极其有限的资源去以小搏大。而有些企业就会利用现有的有限资源，把公司的规模做得很大。我已经服务的咨询客户企业里面，就有企业在以小博大阶段，便能做到 3.5 亿元 / 月的规模。

融资后，不知道如何迅速做规模：好不容易熬过了最初的艰难时期，做出了一点规模或积累了一批用户，你的企业被敏锐的投资人发现，投了一笔钱给你。融资以后，你想做更大规模，于是花钱在各个流量平台去买一些流量做投放。比如，朋友圈信息流广告、百度 SEM 搜索广告、淘宝直通车广告、各类应用商店的广告、微博粉丝通广告、今日头条、抖音、信息流广告，以及垂直媒体的展示类广告。每个渠道花 1 万—3 万元去投放，折腾了一两个月后，发现这些渠道都没什么效果，投入产出比太小，就不敢继续花钱做投放，回到冷启动阶段，但是冷启动以小博大的天花板太矮了，根本无法满足企业的发展，于是企业停滞不前，规模做不起来，下一轮融资就更困难了。

这些问题就导致企业很难顺利地从 0 到 1，从 1 到 10，甚至从 10 到 n，而这些过程就是企业的增长过程。

首先要和大家确认两个事实：

第一，所有增长的基础是人口红利，人口红利决定了所有的红利。

第二，高速公路大部分时间不会让你免费通过。

微信、抖音涨粉几百万
App 用户量大增
但这些用户/粉丝能变成客户吗?

图 4-1

最近一年有很多企业和个人都忙着做抖音、小红书，错过了微信和公众号的红利，大家都想赶上这波短视频的红利。我之前遇到的一个财富管理公司的市场人员，他们公司在中国做财富管理方面属于头部企业，有天晚上他发朋友圈说抖音果然是红利期，一晚上涨了 10 多万的粉丝，看得出来他们很高兴。然后我留言说，这 10 多万粉丝能转化几个买你们家私募产品（私募产品一百万起步）的客户？他没回复我，然后过一段时间他又在那个朋友圈底下回复我：这些粉丝基本上无法转化为客户。然后和我私聊说，为什么几十万的粉丝没有一个转化为买他们家私募产品的客户，他甚至怀疑抖音的粉丝是不是僵尸粉，数据是不是假的。其实这些都不是，本质上他忘了一点，就算你的微信、抖音涨粉了几百万，这确实不错，App 下载量也大增，这也很不错，但是这些粉丝能转化为付费的客户吗？

从我观察的情况来看，大部分情况下，**时间不值钱的群体，购买力都不太高。**所以看到粉丝数大涨的时候不要高兴得太早，很可能他们没有购买力，特别是那些客单价高的产品和服务，不太适合玩以小博大的推广行为。因为能买得起客单价很高产品的客户，基本处于金字塔中等偏上的地位，这群人在财富积累的早期很大比例都玩过以小博大的游戏，但是天花板太矮，所以后来都走上了以大博更大的路线。这群人的时间很宝贵，所以基本不会有什么时间去看抖音、微信文章。做市场推广的时候，千万不要忘了：**你的客户在哪里，就应该去哪里投广告，不要花时间和精力去做一些无用功。**

中国有约 14 亿人口，微信全球用户量已经突破 10 亿，微信平台的用户量也到了一定瓶颈，增长日趋渐缓，但是进来洗流量的玩家越来越多，红利期结束，大家的日子都不会太好过。

高速公路除了过年过节让你免费通行，平常的大部分时间还是要收过路费的。一辆车在高速公路上开和在普通国道上开，到达目的地的时间肯定不一样。如果你希望用更快的速度、更短的时间安全到达目的地，你就要让自己尽快进入高速公路上按照规则行驶，所以不要贪恋国道上开车不用交钱（就像以小博大），而是交钱进入网络时代的高速公路（各大流量平台就是网络时代的高速公路），利用流量平台的规模流量和外聘营销专家帮助自己和企业发展得更快、更稳。

这些年我看到很多企业都会遇到上述各种问题，有时候发现用户量增长得确实很快，也挺令人高兴的，但是一个特别郁闷的事情是，这些用户并不愿意去付费购买企业的产品或服务。

最近几年，我也帮助一些初创公司去提高他们各类产品的转化率。随着咨询效果越来越好，经手的项目越来越大，我开始担任各种行业中头部企业的首席营销专家顾问，帮助他们提高各类广告投放转化率。我还帮助一些企业改造优化 App，提高 App 内的各种转化率（如使用率、付费率、转发率等）。在这个过程中，我接触到一些年营业额达数十亿甚至高达千亿级别公司的高层和创始人。做项目的闲暇之余，我和他们沟通企业的发展，了解他们是怎么从当初没有什么钱、几个人、没特别多资源的情况下开始创业，到经过几年、十几年的发展，做成现在这么大的企业，最后发现他们基本上都经历过以下四个阶段：

- 跑通产品原型，冷启动以小博大。
- 依靠规模投放带来规模的快速增长。
- MGM[①] 裂变营销增长。
- 开辟新的业务线，然后不断重复迭代前面三步。

图 4-2　创业到规模商业的四级良性增长引擎

本章围绕这四个阶段逐一展开，讲述每个阶段需要怎么做才能正确地避坑，以及尽快走完对应阶段的路，快速进入下一个阶段。

① MGM（Member Get Member），即通过老客户转介绍获得新客户的营销方式。——作者注

4.1 跑通产品原型，冷启动以小博大

一开始，创始人凭借自己的初心或生活中遇到的问题，研发了一个新品或服务，找到自己的种子用户去试用、去体验，拿到反馈后，继续迭代产品，最后拿出一个靠谱的 MVP[①]。开始做冷启动，通过论坛、社群、贴吧、微信群、知乎、小红书、抖音、快手、脸谱网等平台做内容，找到自己的 500 —1000 个天使用户，尽量通过不花钱或少花钱的方式做到了一定的规模，然后通过他们去传播，达到一定的用户量级（比如 10000 个用户）。你可能要问这和转化率有什么关系？

这和转化率关系很大。你要是找天使用户的时候找错了地方，并且冷启动以小博大的时候方式搞错了，就会导致事倍功半。经营

① MVP（Minimum Viable Product），意为最小可行产品。——作者注

公司就像打仗，一鼓作气，再而衰，三而竭，团队迟迟得不到正向反馈，就会对当前所做的事产生怀疑，路会越来越难走。当然有少部分人是越挫越勇，但是绝大部分人是会自我怀疑的，所以要运用转化率思维尽快获得正向反馈，然后不断向前发展。

跑通产品原型，冷启动以小博大的时候有两点特别重要：一是尽可能快地做出能被市场认可的 MVP ；二是一定要选对冷启动以小博大的渠道。

尽可能快地做出能被市场认可的 MVP

很多创始人第一次开始创业，因为没有经验，选择创业方向的时候，一部分是基于目前已经掌握的资源去创业。比如，电信运营商的一些高管辞职后，因为掌握了一些资源（技术或渠道）开始做数据营销。另一部分是基于生活中自己喜欢的某个领域去创业。比如，中国有很多女性喜欢鲜花，有人觉得一般花店的鲜花搭配不好看，然后创业开了一家鲜花店；有人喜欢吃面包，觉得一般面包店的面包口感和营养都一般，无法满足自己的要求，于是创业开了一家面包店。这种创业方向就很危险，因为创业是要做出一款能被相对大众市场接受、大家愿意花钱去购买的产品或服务，然后去服务很多人，而不是仅仅服务自己和周围有共同爱好的一小部分人。

好的创业方向是，发现很多人对某个事情有抱怨，某些需求没被满足，一问周围的朋友，才发现大家都遇到了这个问题，并且从各种平台后台（百度的关键词规划师、淘宝的生意参谋）的数据验证了这种需求的旺盛程度，且搜索一圈发现目前没有好的产品或服务能很好地满足这种需求，而自己又掌握了一些资源（无论是技术还是渠道资源），于是选择以此为创业方向。比如，大家去理发的时候发现很多理发店的理发师变了，不好好理发，老是给你推销办卡充值，于是优剪这个品牌就出现了，手艺纯粹、专注剪发，做好一件事。优剪的理发师在理发的全程“不推销、不办卡、不闲谈”。有一次，我和朋友交流互联网思维改造传统行业这个主题，他说到了优剪这个品牌，我去体验了一次，发现果然他们是不推销、不办卡、不主动闲谈的，于是后来理发基本都是在优剪。从他们官网查询门店分布得知，他们已经在深圳、广州、上海、武汉四个城市开了170多家门店。这是一个典型的发现大家的抱怨点去创业的品牌。

当然，发现某个需求没被满足，调研周围很多人都有这个需求，从而开始创业的人也有很多，这里面诞生了很多小爱变大爱的品牌。

比如，凯叔讲故事。凯叔发现自己家的宝宝睡前不听他读绘本、讲故事是很难睡觉的，和周围的宝爸宝妈交流，发现很多朋友家的宝宝都有这个问题，于是以此为创业方向，创立了凯叔讲故事。目前凯叔讲故事是国内最大的童年故事品牌，包含哄睡故事、唤醒故事、日常故事、传统故事、节日故事、优质绘本故事，0—10岁各年龄段宝宝喜欢的故事应有尽有。从满足自己家宝宝的需求，到满足上千万宝宝听故事的需求，这便是小爱变大爱。

注意

判断MVP是否成立的一个很简单的标准是，受众是否愿意花钱来购买这种产品或服务。如果发现这个产品原型只是自己想象出来的大众需求(也就是伪需求)，没有人愿意付费购买，那它就是不成立的。如果有不少受众都愿意花钱来购买这种产品和服务，那就说明这个MVP是成立的。这时候就要开始找对冷启动阶段以小博大的渠道了。

选对冷启动以小博大的渠道

以小博大是指以小的成本博取更大的收益。刚开始创业，在没有太多的人、钱和其他资源的情况下，冷启动以小博大是一种特别好的方式，但是渠道不对，一切白费。冷启动以小博大的渠道有很多，比如，微信公众号、微信群、贴吧、论坛、抖音、知乎等这些生产内容的平台。但是这些冷启动渠道不一定都适合自己的企业，需要去测试。例如，在知乎上做冷启动以小博大。选话题的时候要注意，选大话题，不要选小话题。如果一个话题很热，那就可以作为冷启动以小博大的渠道，一般情况下，如果一个话题的关注量低于10000个关注者，说明这个话题的关注热度不够，并不值得花很多精力在这个渠道做冷启动。举两个例子：

假如你创业的方向是做网络营销培训，发现知乎上这个话题有87814位关注者，你在这个话题底下写下精彩回答，吸引一批粉丝后，通过服务这批粉丝，给他们提供好的网络营销线上或线下课程来变现。

如果你是提供装修服务，在知乎上，装修这个话题的关注者数量达到了 3165032 个，那也可以在这个话题底下做回答。回答的时候注意技巧，就可以吸引很多粉丝，然后通过给这批粉丝提供好的装修服务来变现。

再举个冷启动以小博大阶段一个月做到 500 万元以上营收规模的例子：我认识的一家做旧房翻新业务的创业公司，他们招聘了两个会做内容的高级新媒体人才，但是他们不是以我们熟知的微信公众号去做内容，之后变现的方式做冷启动，而是从知乎着手。这背后的逻辑是：2016 年才开始做一个全新的微信公众号，然后靠做很长的精品内容涨粉，再去卖旧房翻新的服务就比较晚了。大众对长内容没有耐心，而且很容易在上百万个微信公众号里淹没，但在知乎上就不一样了。知乎是个问答社区，并且知乎的用户比较有耐心，更喜欢优质的长内容。而旧房翻新涉及的内容太多了，于是他们就去知乎上把关于装修和旧房翻新的话题都回答了一遍，并在回答里和其他位置（比如简介和个人主页的顶部位置）留下吸引关注公众号的引子，这样通过知乎内容营销的方式往微信公众号导流。他们的微信公众号在短时间内涨了几万粉丝，并且这些粉丝是通过看优质长内容被吸引过来的精准粉丝。这个时候他们没有急着通过旧房翻新的服务来实现商业变现，而是和其他粉丝属性相同的微信大号做互推，通过相互推荐的方式，公众号粉丝数很快到了十几万。有了这十几万粉丝，再通过微信公众号推送优质长文章的效果就比较好了，因为总有一定比例的粉丝会把公众号的文章和旧房翻新的案例转发到朋友圈或转给自己的朋友，这样就可以持续吸引精准粉丝。最后，他们开始通过推送软文和案例的形式拿到预约上门洽谈的潜在客户号码，最终实现商业变现。

在这个过程中，他们就走出了一个完美的冷启动以小博大的路线：先通过在知乎上回答相关精准话题，利用优质内容往公众号导流，而不是直接通过公众号导流。有了基础的精准粉丝数量之后，他们开始用和其他相同属性粉丝的微信公众号互推的方式把粉丝量做到十万量级，最后靠软文的形式来实现商业变现。

通过这种方式实现了月营收 500 万元以上，他们内部很高兴。然后该公司被嗅觉灵敏的投资人发现，投资人一看数据，以很小的成本做到月营收 500 万元以上，于是投了他们一笔钱，希望他们能快速地把规模做起来。但是，他们很快就有点郁闷了，因为次月他们营收增长缓慢了。原因很简单，积累了很多精准粉丝，通过 1—3 次内容实现了商业变现，也就是能变现的就变现了，不能变现的也很难变现了。涨粉慢，变现快，导致蓄客跟不上，冷启动的优势就是不需要多少资源就能把事情做起来，劣势就是天花板太矮。他们因为融到资了，有钱投广告了，就开始进入第二个阶段，依靠规模投放实现规模的快速增长。

4.2 规模投放实现规模增长

冷启动以小博大对于绝大部分创业者来说是很高兴的事情，但是高兴不了多久，因为冷启动以小博大是做不到非常大的，原因就是天花板很矮。而如果你在这个阶段融资了，投资人希望你快速做规模，你就要依靠规模投放带来快速的规模增长。比如，你去投朋友圈广告、投百度广告、投今日头条广告、投抖音广告，这都有可能帮助你的公司实现规模快速增长。

如果你投的比较准，ROI 比较高，那么你的营收增长会特别快。但是你会发现另一个问题：一个流量渠道，它整体的流量也是有限的，哪怕是微信朋友圈这种拥有海量用户的流量渠道。据腾讯发布的 2018 年财报显示，截至 2018 年年底，微信及 We Chat（海外版微信）的合并月活跃账户数增至约 10.98 亿。微信进一步提高了三线到五线城市的渗透率，并且覆盖了更多的用户年龄层，平均每天超过 7.5 亿的微信用户阅读朋友圈的内容。但是，要注意日活 7.5 亿的微信朋友圈用户不可能都是你的潜在客户，因为这 7.5 亿的用户的需求各式各样，和你提供的服务相吻合的用户可能只占微信日活的 1%，也就是只有 750 万人。如果你每天投 100 万元的广告费，连续地投，半年以后，你就会发现流量转化成客户的效率大大下降，广告投放的 ROI 越来越低。

规模投放带来快速的规模增长阶段有两点特别重要：一是选对规模投放的渠道；二是提高规模投放的转化率。

选对规模投放的渠道

我将能规模投放的流量渠道定义为在一段时间内平均每天能花掉 3 万元及以上广告费用并且要满足阳光下能公开采买的渠道。地下渠道在我的理解里不算能规模投放的渠道。能规模投放的流量渠道分为搜索类广告流量渠道、信息流类广告流量渠道、电商类广告流量渠道，其他的纯展示类广告不在这些年我投放的规模流量渠道范围内，就不在本书详细地展开阐述了。

其实电商类广告流量渠道主要分两种：淘宝、天猫的直通车广告、京东的快车广告等属于搜索类广告，而淘宝、天猫、京东、亚马逊等千人千面类广告属于信息流类广告。

如果我们把大部分人买东西的过程按大的阶段分，那就是为什么需要这类产品以及选择在哪家购买这一类产品。而这些规模流量渠道正好对应了这两大阶段，见图 4–2。

信息流类的流量主要解决为什么需要这一类产品，而搜索类的流量主要解决选择在哪家购买这些产品。信息流类流量包含：今日头条、微博粉丝通、微信朋友圈、抖音短视频、脸谱网等；搜索类流量包含：百度搜索、360 搜索、搜狗搜索、神马搜索、谷歌搜索、应用商店搜索等。每一类流量的特性不同，所以采用的投放策略也不一样。并且每种流量和广告主的计费方式（主流的计费方式有 CPC①、CPM②、CPS③、CPA④、CPD⑤、CPT⑥等）不同，外层创意素材和内层落地页素材的策划策略也会发生对应的调整。

图 4-2

① CPC（Cost Per Click），意为每点击成本。根据广告被点击的次数收费。关键词竞价一般采用这种模式，在信息流广告系统中比较常见。——编者注

② CPM（Cost Per Mille），意为每千人成本。只要向足够量级的用户展示了广告主的内容，广告主就为此付费。按此计费的广告一般是以品牌展示和产品发布为主。——编者注

③ CPS（Cost Per Sales），意为每销售成本。按完成订单的用户数量结算，高质量垂直渠道、返利网站比较喜欢采用这种模式。——编者注

④ CPA（Cost Per Action），意为每行动成本。按照行为作为指标来计费，这个行为可以是注册、咨询、放入购物车等。——编者注

⑤ CPD（Cost Per Download），意为每下载成本。按用户完成 App 下载计费，在应用商店、积分墙、流量联盟比较常见。——编者注

⑥ CPT（Cost Per Time），意为每时间段成本。以固定价格买断一段时间内的广告位展示。——编者注

只有明确搞清了每种流量渠道的特性、流量计费方式，将当前阶段公司的短期需求、下一个阶段公司的长期需求综合来考虑，在投放策略、外层创意素材和内层落地页素材的策划策略方面都做了完整的匹配，最终才能做出对公司最好的结果。

可能上面这段话对你来说有些抽象，我举两个例子来帮助你理解。

- 花点时间如何选择规模投放的流量渠道

每周一花行业头部企业花点时间跑通产品原型并实现了冷启动以小博大之后，获得了青山资本的天使轮投资，开始进入规模投放带来规模增长的阶段。这时候摆在他们面前的规模投放的流量渠道就那么几种：搜索、信息流、电商。由于2016年每周一花行业还属于新兴行业，很多人不知道这个行业的存在，因为不知道，所以绝大部分情况下不会在搜索引擎上搜索此类需求。这就是为什么当时在百度投放后台的关键词规划师工具里面发现“每周一花”类关键词搜索量极低，几乎可以忽略不计。因此在那个阶段，花点时间不能投放搜索类的流量渠道。

那电商渠道呢？因为公司属于初创阶段，供应链还不完善，因此会导致一小部分用户收到的鲜花因为物流等原因出现了打蔫或损坏的情况。由于当时电商客服数量不够，这类售后问题可能来不及妥善处理，就导致用户会去晒单给差评。而电商用户在购物过程中喜欢看评价，因此电商流量渠道在那个阶段也不是很好的选择，于是选择了信息流渠道。

信息流渠道有今日头条、微博粉丝通、朋友圈信息流、脸谱网等广告。今日头条的用户购买力相对偏低，微博的用户以娱乐需求和打发时间需求为主，不是花点时间这种需要每周一花产品来提高生活品质的用户，脸谱网的用户基本都在海外，物流也送达不了。最后花点时间选择了微信朋友圈的信息流广告，并通过投放数据不断优化投放策略，实现了规模投放带来快速的规模增长。并且花点时间加大了产业上下游供应链的优化力度，将损单率降到最低。加上花点时间和保险公司合作，给鲜花订单提供了保险，如果你收到的鲜花出现了损坏，拍照找客服去处理就行了，保险公司管赔。

这样逐步提高了客户买每周一花产品的满意度，这就是为什么后来花点时间发展得越来越好。我们一定要重视客户体验，投入资金、人员和精力去优化客户体验，最后客户会用订单来回馈你的付出。

- 某金融服务公司的借款项目如何选择规模投放的流量渠道

2016 年该公司董事长张总通过北大的朋友找到我，他们在找到我之前已经完成了跑通产品原型冷启动以小博大的阶段，并且交易额达到了 3.5 亿元 / 月，也开始做投放，但是增长缓慢，投放的效果不好。我给他们做了两期营销咨询服务。第一期营销主要是“提高销售转化率五步法”和“营造品牌搜索环境促进成交”课程培训、大市场部组织架构调整以及各岗位 KPI[①] 的制定。第二期营销咨

① KPI（Key Performance Indicator）：关键绩效指标。——编者注

询主要是优化现有流量投放渠道的转化率，开辟新的流量渠道、优化App，提高 App 内的转化率，以及 MGM 裂变营销（MGM 裂变营销在本书下一节讲）。最后帮助他们将 SEM 推广转化率提升 32.64%，注册成本只需原来的 19.1%，交易额从 3.5 亿元 / 月提升到 60 亿元 / 月。有的人可能会好奇，转化率提升 32.64%，按理说注册成本也是降低 32.64%，但是为什么注册成本只需要原来的 19.1%（注册成本只需要原来的 1/5 左右）？因为注册成本有两个控制因素：CPC 和转化率，注册成本 =CPC ÷ 转化率。

从这个公式可以清楚地知道，要降低注册成本只需要降低分子（CPC）或者提高分母（转化率）。尽管这个项目中 SEM 渠道的转化率没有大幅度地提升（原来的转化率已经很高），但是通过优化投放策略和优化投放账户，将 CPC 大幅下降了，所以最后的注册成本只需要原来的 19.1%。

那他们是如何选择投放渠道的呢？ 2016 年国内的信息流流量还没起来，量很小，他们主要靠搜索和应用商店渠道来获得客户，不像现在很多公司的主要获客渠道来自信息流流量渠道。

当时搜索流量渠道的百度搜索、360 搜索、搜狗搜索、神马搜索他们都投了。由于他们产品的特点，客户从点击广告→注册→绑卡→提交材料→绑定信用卡→申请借款额度→放款，大大小小的操作，需要客户操作二十多步才能借到款。投搜索类广告的时候，百度搜索、360 搜索、搜狗搜索、神马搜索等几个流量渠道的前面几个步骤的转化率其实相差不多，但是在绑定信用卡这一步，某搜索流量渠道来的客户转化率明显低于其他几个搜索流量渠道。后来，我经过仔细排查，终于找到了原因（与某搜索流量渠道本身的流量来源有关）。但是这种情况暂时无法改变，只得暂停该搜索流量渠道的投放。等该流量渠道的流量来源发生改善，或其自身的产品不需要绑定信用卡也能借到款的时候，再恢复该搜索流量渠道的投放。

规模投放的流量渠道选对之后，就要通过不断地优化逐步提高规模投放的转化率。

提高规模投放的转化率

当你选对了规模投放的渠道，通过结合公司短期和长期需求、每种流量渠道的特性、每种流量的计费方式来制定不同流量渠道的组合投放策略，以及外层创意素材和内层落地页素材的策划策略之后，就可以开始进行正式规模投放了。这个时候优化转化率是重中之重的事。而这个阶段有两件重要的事需要去做：一是自己操作一遍全流程，把客户从看到广告到最终交易的全流程模拟一遍，并建立颗粒度足够细的节点和关键节点，再通过小流量测试，找到每个关键节点的转化率数据，并以此为基准线；二是找到影响每个关键节点转化率的因素，并不断通过各种优化方法去提高每个关键节点的转化率。由于这两部分的内容在本书的前面几个章节里已经做了详细阐述，就不在本节赘述。

当你顺利地完成了规模投放带来快速的规模增长这个阶段之后，投资人还希望你继续增长，你自己也希望继续增长，这个时候你就会进入第三个阶段——MGM 裂变营销增长阶段。

4.3 MGM 裂变营销增长

当你通过规模投放带来快速的规模增长时，一般情况下你已经拥有几万到几百万不等甚至千万级别的客户量了，然后你就要通过MGM 裂变营销增长方式继续提高营收。MGM 裂变营销增长能弥补上一个阶段增长的不足，因为 MGM 裂变营销增长的本质是通过已有客户的社交关系链去获取新的客户。这种方式能弥补媒体（也可以理解为流量渠道）的短板，将媒体不能触达的客户，通过社交关系链去触达。

比如，花点时间在客户数量达到几十万人级别的时候就开始采用MGM 裂变营销增长的方式。每个已经买了每周一花产品的客户通过发朋友圈或微信好友私聊的方式，带来几个新的下单客户，就在你原来订单的基础上加送你一束花，而这种方式很好地避免了客户在道德层面的压力。花点时间的品牌宣传语是：每周一花的小幸福。因为你觉得花点时间的每周一花产品好，提升了你自己的生活品质，因此把这种很好的生活方式分享给自己的朋友，你的朋友要是也觉得不错再下单购买，也提高了你朋友的生活品质。与此同时，当老客带新客的数量达到标准后，花点时间会送你一束鲜花，而不是佣金。这里要注意，如果把活动规则从送一束鲜花改为返佣，那么客户就面临着道德层面的压力。客户可能会觉得他是为了佣金而转发给朋友，而不是为了提高朋友的生活品质而分享给朋友。所以活动规则要策划好，要求客户完成的动作不能太难，也不能太容易。给客户的回馈既不能让客户有道德层面的压力，也不能没有吸引力。

其实 MGM 裂变营销增长这种方式也是互惠的一种，你和你朋友之间有互惠，你和花点时间之间也有互惠。大家之间相互惠顾，关系会更亲密。

MGM 裂变营销增长的方式涉及三层转化率：第一层转化率叫分享率，即别人看到内容后为什么愿意分享，如何去提高分享率；第二层转化率叫阅读率，就是分享之后的内容是什么呈现形式，引发了被分享人的兴趣，使被分享人愿意去点开阅读被分享的内容；第三层转化率叫发生关系率，也就是页面被打开之后，被分享人看完被打动，愿意与你发生进一步的关系，这个进一步的关系可能是注册、在线咨询、打电话、预约，以及购买。只有把三步的转化率都提高了，最终的 MGM 裂变营销的转化率才会大幅提高。具体的方法见本书第一章第五节。

尽管 MGM 裂变营销增长也会带来快速的规模增长，但是你会发现，再怎么增长，也不可能超过人口总数。所以当增长到一定程度的时候就增长不上去了，但是你还要继续做大规模，就需要进入第四阶段：开辟新的业务线，不断重复迭代前面三步。

4.4 开辟新业务线，不断重复迭代前三步

当你的增长已经达到上限（国内人口中有你这个产品需求的数量上限）之后，想继续提高营业额，就只有两条路可以走：一是国际化；二是开辟新的业务线不断重复前面三步，并优化它。

国际化

通过国际化，走出去，把产品卖给国外的客户。但是，因为没有提前引入国际化的人才，国外的市场局面很难打开。还有一个原因是，国外的市场环境和国内的市场环境有相对大的差异，导致很多企业在国外水土不服。另一个重要的原因是，中国是统一的市场，从目前的情况来看，中国是全球规模最大的统一市场，即遵从统一的法律、使用统一的语言、统一的货币和统一的时间，这就减少了大量的成本。如果你去国外，比如美国，它有相对统一的语言和统

一的货币，但是没有统一的法律和统一的时间。美国是联邦制，各个州之间的法律存在差异，且各个州使用的时间也不一样（在美国说时间的时候需要加前缀，东部时间、中部时间、西部时间、阿拉斯加时间、夏威夷时间等）。因此，从统一的市场这个维度来看，在国外开拓市场的成本就比在国内要高。所以，这个时候最好的增长方式是开辟新的业务线，不断重复前面三步并优化它。

开辟新的业务线，不断重复迭代前面三步

当你有了足够多的客户，就可以开辟新的业务线，去满足之前客户的不同需求，不断地深耕客户，为客户提供更多的价值，也就是进入了客户生命周期管理阶段。那么新的业务线以什么方向来开辟呢？经过观察和实践，我得出两点原则：

一是以产业链的上下游为主线开辟新的业务线。举两个例子：某金融服务公司做好做稳小额贷款业务之后，便开始做理财，然后做消费分期。围绕着 to C 金融的产业链上下游，不断地开辟新的业务线，实现规模扩张。再比如我自己，以前做重度咨询项目，包含培训、撰写定制版的营销策划方案、指导营销策划方案的实施，这样一个项目需要一个季度左右才能做完。而且这种重度咨询项目有个起步门槛，要求项目方在网络广告方面的投放金额不低于 2000 万元 / 年。2018 年下半年，我开辟了轻咨询的业务线。只需要两天的现场 + 半个月的远程指导就可以完成一个项目，即一天的培训 + 一天的时间带着项目方的市场人员梳理完一个产品在某个投放渠道的落地页。

从上到下梳理逻辑框架，外加写完落地页的所有文案，是两天的现场工作。然后再花半个月的时间远程指导项目方的设计人员按照落地页的文案去设计页面，完成落地页的设计呈现工作。再指导技术人员把图片转化成网页，优化完数据，转化率涨了，这个轻咨询的项目就结束了。轻咨询项目对项目方的要求也小很多，一年的广告投放金额在 200 万元以上就可以做了。

二是以相同客户群体不同需求为主线开辟新的业务线。因为相同的客户群体，在人生不同的阶段需要不同的服务。比如，买每周一花的客户可能在特殊的日子需要送朋友鲜花，需要花材种类更丰富，花材数量更多，于是花点时间开辟了主题花业务线；比如，买每周一花的客户也喜欢养多肉或其他绿植，于是花点时间推出了绿植业务线；再比如，买每周一花的客户中有一部分人一直梦想着自己开个鲜花店，于是花点时间推出了鲜花店招商加盟的业务。

总之，以相同客户群体不同需求为主线开辟新的业务线是一条可以实施的线路。接下来继续在之前的客户群里做冷启动，因为之前已经有了一大批客户，所以冷启动就很快；下一步做规模投放带来快速的规模增长；再通过 MGM 裂变营销增长的方式继续扩大规模；最后再开辟新的业务线，不断重复前面三步。

开辟新的业务线时要注意，一定要等当前的业务线做好做稳之后再开辟，避免因过快开辟新的业务线导致资金链断裂。

当然不是所有的企业都是完全按照四个阶段来走，有的企业在第一个阶段，跑通产品原型中，就开始通过 MGM 裂变营销增长的方式完成了冷启动的以小博大。而有的企业在规模投放的阶段就开始开辟新的业务线。本书所讲的四个阶段只是一个大致的过程，每个企业根据自己的现状和目标来选择对应阶段，做该做的事情就好。

至此，创业到规模商业的四级良性增长引擎这一章节的内容全部结束。你可以通过这一章节内容的学习，找到自己的公司或自己所供职的公司所处的阶段，并尽快完成本阶段，往下一阶段走。祝你的企业发展得越来越好！

后 记

感谢你有兴趣和耐心看到本书的最后，因为我大部分时间和精力花在企业项目的培训、营销咨询上，帮助他们提高转化率，这本书前前后后用了大半年才完稿。如果你看完之后有不同的想法以及按照书的实践取得了一些成绩，欢迎与我联系反馈，我的微信公众号“陈勇营销专栏”。回复 1，即可获得我的私人微信号。

在大部分营销人看来，提高转化率是很难的事，很多人好奇我是怎么一步一步成长为转化率领域的专家，最后走上独立营销顾问的道路的，帮助越来越多的企业提高各类转化率，其实这和我个人的成长经历有密切的关系。

小时候，因为家里条件不好，我上小学就要带个小扁担从镇上帮父亲进货。我开始思考什么货好卖、什么货不好卖，如果整件不好卖，那就拆散了再卖。比如，一盒蜡笔不好卖（那个年代，在农村大家都不富裕，没有什么钱），于是我把整盒 12 支蜡笔拆开。红色蜡笔和绿色蜡笔比较受同学们欢迎，那就定高价，白色蜡笔和黑色蜡笔不受欢迎，那就定低价。这样一来，都好卖了，且散卖之后加起来的利润要比整盒卖出的利润高。也就是从那个时候，我的商业思维开始受到了启蒙。

在大学的时候，除了继续日常学业之外，我还开了个家教工作室，研究教学、招老师、招学生，这里面就涉及很多市场宣传的工作。那时候，我就开始研究学校附近的小区，有 n 栋楼、几百个单元、成千上万户人家。我怎样贴传单才能够最大限度让这些单元楼里的业主都看到广告？传单上写什么标题以及用什么字体，能吸引他们看？想给孩子请家教的家长看完传单上的内容是否愿意联系我，联系后听完我的介绍是否愿意请我们家教工作室的老师去给他们的孩子补习？这就涉及渠道、文案、话术等一系列工作，我就慢慢地走向了商业实践。

2011 年，计算机科学与技术专业本科毕业后，我去北京发展，开始进入职场。我先后在房地产公司从事投资并购工作、SEO 外包公司从事售前和 SEO 项目实施工作、户外团建公司从事市场工作、儿童围棋培训公司从事网络营销工作、金融公司从事市场营销工作。从一开始的专员一步一步成为高级总监，负责整个市场部，从一开始的单一渠道营销到线上线下多渠道整合营销（涵盖搜索类、信息流类、电商类、电台类、网址导航类、数据营销类等）。正是因为毕业后的五年在五个看起来没有任何关系的行业工作，五年的时间让自己练成了跨行业迅速学习的能力，以及打通各行业营销底层逻辑的能力。于是，在 2016 年年初，我开始做独立营销顾问的工作，从一个产品单一渠道的营销页策划、设计呈现指导到最后操盘大型项目，涉及用户调研、PC 站策划、移动站策划、SEM 投放优化、SEO 优化、信息流投放优化、公众号改版、App 改版、电商店铺整体改版、包装设计、话术优化、数据分析等，一路走来，得到了很多朋友和前辈的帮助和指导。

一些朋友看完这本书的样稿之后，担心地问我："写得这么详细，会不会担心别人看完这本书之后，学了书里的方法，自己做了，就不需要找你做咨询或培训了？"都说教会徒弟饿死师傅，在此谢谢他们出于好意的提醒。但是，母亲从小就告诉我：学到的就要教人，赚到的就要给人。

另外，每个项目的阶段、投放费用、竞争环境、配合人员的水平不一样，所以简单借鉴是很难成功的，最重要的是学习其中的方法论，掌握了方法论才能以不变应万变。这个世界上最远的距离是“知道”与“做到”的距离，有时你以为的知道也不一定是真的知道。出于对营销咨询合同里保密条款的尊重和咨询工作的特殊性，因此很多技巧是不能在书里公布的。

还有，营销咨询服务属于 to B 的服务，对于企业决策人来说，他们深知广告投放费用才是最大的成本，那么多投放费用都花了，更需要一位专业过硬、经验更丰富的“外脑”来帮助他们把广告投放的效果做到更好，而咨询费相对于投放费占比很小。学费都是要交的，与其花一大笔钱给自己的投放人员去试错、去交更多学费，并且浪费了时间，耽误了项目的进度，还不如交一点学费给“外脑”，让“外脑”教他们的投放人员更科学地投放。我想那些企业的决策者会更清楚该怎么做。

我自己在成长的过程中也吸收了很多前辈的思想，然后不断在前辈思想的基础上做了完善，才有了自己的思想。从更宏观的角度来看，人类正是不断地学习和进化才能成就更好的未来。

人生就像超级转化率，是个不断优化的过程！就看你优化的频率和幅度是怎样的，优化的频率越高、幅度越大，人生进化得越快！如果你现在觉得一周前的自己有改进的点，恭喜你在不断地进化。但是，如果一年之后，你还是觉得自己一年前很出众，那么很遗憾，这一年你没有继续进化和成长。而我相信看完这本书的人，都是对自己的未来有更多期许的人！看完这本书，希望你不断地实践，实践出真知！

因为在撰写这本书的过程中开始做了新的营销咨询项目，书中难免有纰漏之处，期待以后有更多时间再做修订，也邀请读者来信（chenyongecho@126.

com）沟通指正，或者订阅我的微信公众号（cy-yingxiao / 陈勇营销专栏），在里面回复 1，获取我的私人微信号。本书有一部分图片未联系上原作者，请来信沟通相关事宜。

感谢各个项目方负责人的信任，愿意把项目交给我操盘，才有了本书中的一个又一个鲜活的案例。感谢各个项目方执行伙伴的配合，正是因为我们一起通力合作，才能把项目的转化率提高，通过项目实践成就了大家和我。

感谢罗伯特 · B. 西奥迪尼老师，受您的《影响力》启发，加上我在做项目过程中的不断实践与完善，逐渐形成了更适合中国本土营销的陈勇转化六要素。

感谢真朴教育董事长洪老师，正是您几十次和我说“还没到”，让我不断地改改改，通过刻意练习，我策划落地页的水平有了很大提高。

感谢馒头商学院，因为“馒头”的邀约，合作开发网络营销线下课程，一起研发课件的过程中，才将下单三步法和陈勇转化六要素有机结合形成了一个完善的营销模型，奠定了本书的理论基础。

感谢我的母亲，在我从小到大的成长过程中，是因为您坚毅和乐观的性格以及言传身教才有了现在的我。

感谢我的岳父岳母，你们培养了这么优秀的女儿成为我的爱人，而我的爱人从 2016 年我开始做独立营销顾问以来，放弃了自己的职业生涯，在家照顾家人和我，让我不用操心后方的事。

感谢大姐和大姐夫、二姐和二姐夫，因为有你们照顾母亲，我才能心无旁骛地做项目。

感谢小马宋老师，在繁忙的工作中抽出时间，为本书写序并做推荐。

感谢吴晓波老师和刘润老师，愿意为我这个后辈的新书写推荐语。

感谢恩师路丙辉老师，虽然在大学期间，您不是我的专业课老师，但是大学期间和毕业之后有您的帮扶和指导，让我的成长之路走得更稳健。

感谢中信出版社的工作人员，尤其是本书的编辑，这本书从策划到最终出版发行，出版社同仁都给予了我很多专业建议，才有了这本书的最终面世。

最后感谢这些年一路同行的朋友，他们是：雷殿生、郑毓煌、杨飞、青音姐、冯卫东、周宏骐、曾任伟、陈艳、孙楠、柯洲、龚焱、张荣耀、童华彬、李俊、李云龙、丁丁、尚军、马子超、陈陆凡、张炜、薛明、黄碧云、杨晓燕、张彦、罗浛予、陈登彪、王晓丽、潘瑶、佘俐、陈瑶、李睿、黄怡捷、王小丹、剽悍一只猫、吴瑶萱、张筱燕、黄章晋、马占凯、李倩、关健明、caoz、冯大辉、赵菁、李叫兽、赵波、刘霄、张晓媛、鲁强、郑丽娟、刘欣、徐志斌、成甲、曲卉、范冰、李忠秋、苏杰、黄天文、小荻、马源、刘厂长、大成子、洪华、郭剑飞、王奕夫、王浩智、刁晓剑、郭超、陈文泽、曹道富、戎斌源、陈晶、杨坤龙、卫夕、朱思明、付圣强、班丽婵、许悦、强亚东、甄妙、陈鸿、王焱鑫、特大妹、小黑羊、范秦、王玮、肖剑、郭敏、王泽蕴、恶魔奶爸、Spenser、吴鲁加、鉴锋、贺嘉、纽约老李校长、弗兰克、萧秋水、兰启昌、霍世杰、戚泽明、飞鱼船长、卢中伟、李婷、张仲荣、金璞、鸡血君、翔宇、宋社长、燕恬、秋叶大叔、邻三月、万青、杰芩、陈维贤、阿衍、冯文振、栗恒东、李斌斌、赵宇晨、张传贵、孙良洁、林念龙、胡东海、朗青、路上、单华、孙宏峰、刘斌、郝玺龙、陈思乐、周巍、刘晓宇、祝河、李福长、鲍禹卿、王东魁、宇哥、冯建、亦仁、徐梦阳、王六六、郭亮亮、王督皓、朱少锋、柚子妹、阿 may、高雅娜、徐旭、高飞、曾杰瑜、大尤、王灿、刘长云、冀浩伟、朱蕾、鲁玉祥、李勇、郭梦羽、陈新颖、安顿、颜筠、馒头、魏宇飞、王琰、贾佳、马忆原、叶东、陈知一、姚瑶、彭小六、卫蓝、二希、刘思毅、Allen、杨山巍、老薛、花木兰、刘志斌、鲍圣霞、张大大等，感恩大家的一路同行，我才能走得更远！

附录

推荐的微信公众号

（排名不分先后）

在我一路成长的过程中，在专业领域和生活上受到以下公众号内容的启发，在此推荐给大家，大家在微信里面搜索这些公众号名称就能找到它们，它们是：

吴晓波频道（ID：wuxiaobopd）

推荐理由：对商业的观察、对常识的尊重。

梁宁 - 闲花照水录（cafeday）

推荐理由：知名《产品思维 30 讲》主理人，洞察中国互联网江湖。

刘润（ID：runliu-pub）

推荐理由：《5 分钟商学院》主理人刘润老师解读有趣的商业现象。

小马宋（ID：xiaomasong999）

推荐理由：得到 App 营销顾问小马宋老师解读品牌营销。

36 氪（ID:wow36kr）

推荐理由：提供新锐深度的商业报道，让一部分人先看到未来。

艾奇 SEM（ID: CMOcollege）

推荐理由：19.9 万广告优化师学习与交流的平台，内含大量案例。

一刻 talks（ID:yikeyanjiang）

推荐理由：全球智客新知分享平台，只应对思想与新知升级，一刻 talks 可以看到我的新知分享。

梅花创投（ID:plumventurescn）

推荐理由：国内最活跃的早期投资机构之一。

独角兽创业营（ID：UNICORN-821）

推荐理由：创新创业教育的学习型组织。

运营深度精选（ID：YYjingxuan365）

推荐理由：拆解、复盘各类裂变营销案例。

鸟哥笔记（ID：niaoge8）

推荐理由：移动营销干货精选，专注 App 推广 6 年。

进击波财经（ID：jinbubo）

推荐理由：专注下层市场，在这里重新认识中国。

笔记侠（ID：Notesman）

推荐理由：中国新商业知识共享社区，28 个主题可精准搜索，内含我部分演讲内容速记。

特大号（ID：ITXXXL）

推荐理由：To 领域自媒体的典范。

创意很关键（ID：bigideaa）

推荐理由：畅销书《爆款文案》作者关健明的思考空间。

万能的大叔（ID：wannengdedashu）

推荐理由：《刷屏》作者，21 万市场公关从业者关注的自媒体。

剽悍一只猫（piaohan2015）

推荐理由：回复“破局”，获得《成为千里挑一：身价 10 倍增长法则》电子版。

章鱼读书（ID:zhangyu-dushu）

推荐理由：一年读几百本书的 KOL，定期更新书单及心得。

秋叶大叔（ID:qiuyedashu）

推荐理由：秋叶 PPT 创始人，《个人品牌 7 堂课》作者，看秋叶大叔如何经营个人品牌。

To B CGO（ID:TOBCGO）

推荐理由：14000 多名 ToB 企业中高管关注的行业号，内含 ToB 领域的增长方法。

薛毅然（ID:gh_c1c1422170fa）

推荐理由：专注职业发展领域 19 年，探索个人发展的多样性。

呦吼火金（ID:yohohuojin）

推荐理由：市场公关神经病院院长的公众号，齐聚众多市场公关怪胎。

范秦（ID:PMFanQin）

推荐理由：产品经理中的特种兵，通过优化产品来解决营销问题。

坤龙老师（ID:ikunlong）

推荐理由：新媒体营销专家，回复“私域”获得私域流量全案策划书。

贺嘉老师（ID:kuajie123）

推荐理由：高管演讲教练，回复“演讲”获得 99 页演讲技巧电子书。

萧秋水（ID:qiushuixiao）

推荐理由：知识管理专家，分享学习方法和成长工具。

下笔有财（ID：xiabiyoucai）

推荐理由：弗兰克,《爆款写作课》作者，教你下笔有财。

兰启昌（ID:lanqichang6）

推荐理由：写给年轻人的升值之道，早日实现财务自由。

友盟全域数据（ID:umeng_data）

推荐理由：专注数据服务，为互联网企业提供数字化增长新思路。

小道消息（ID:WebNotes）

推荐理由：从这里看到一幅中国互联网的清明上河图。

Cao 的梦呓（ID：caozsay）

推荐理由：理性乐观派的良言。